SHALOM

SHALOM

Das kleine Buch der jüdischen Köstlichkeiten

LEAH KOENIG

Fotografiert von LINDA PUGLIESE

Hölker Verlag

Die Originalausgabe mit dem Titel *Little Book of Jewish Appetizers* ist 2017 bei Chronicle Books LLC, San Francisco, Kalifornien, in englischer Sprache erschienen.

Text © Leah Koenig
Design © Vanessa Dina
Propstyling © Paige Hicks
Foodstyling © Carrie Purcell
Satz © Frank Brayton
Fotografie © Linda Pugliese

MIX
Paper from responsible sources
FSC™ C012521
FSC www.fsc.org

5 4 3 2 1 22 21 20 19 18
978-3-88117-158-8

Text und Rezepte: Leah Koenig
Fotografie: Linda Pugliese
Übersetzung: Christine Schlitt
Lektorat: Christin Geweke
Redaktion: Sophie Schwaiger
Cover und Satz: Tina Agard Grafik & Buchdesign, Stuttgart

www.hoelker-verlag.de

Für
Max Elisha

KAPITEL 2

VORWORT

Die jüdische Küche kennt zahlreiche fantastische Speisen wie goldgelb glänzende Hühnersuppe mit Matzeknödeln, ein turmhohes Pastrami-Sandwich mit Senf oder wunderbaren Safranreis mit herrlich knuspriger brauner Kruste. All diese Gerichte sind ein Fest, ein Event, etwas ganz Besonderes. Aber zu jedem leckeren Essen – oder besser: davor – gehört eine leckere Vorspeise.

Das jiddische Wort für Vorspeise lautet „Forspeis". Die Herkunft des Begriffs aus der deutschen Sprache ist also nicht zu übersehen. Traditionelle „Forspeisn" wie Gefillte Fisch oder Gehackte Leber werden vor dem Hauptgang serviert und sollen den Magen auf die kommenden Gerichte vorbereiten.

Die als Mezze bekannten orientalischen Vorspeisen, die auch im östlichen Mittelmeerraum Verbreitung finden, sind mit der jüdischen Küche verwandt, wenngleich sie etwas aufwendiger zubereitet werden. Eine übliche sephardische Sabbat-Mahlzeit beginnt mit einer überwältigenden Vielfalt aus Brotaufstrichen, Dips, Gemüse-Pickles und anderen Häppchen. Von Muhammara, einer scharfen Paste aus gerösteten Paprika, Walnüssen und Granatapfelsirup, über eingelegte Steckrüben bis zu Auberginen-Carpaccio mit Tahini – die Auswahl kann mehr als ein Dutzend verschiedene Vorspeisen umfassen.

Diese kleinen Leckerbissen sind für mich der geheime Höhepunkt eines Menüs. Und ich finde es fast unmöglich, mich bei deren Zubereitung nicht auszutoben. Denn ganz gleich, mit welchen kulinarischen Offenbarungen der Hauptgang aufwartet – Vorspeisen sind wie der Anheizer, der vor einer TV-Show das Publikum in Stimmung bringt und häufig dem eigentlichen Hauptact die Show stiehlt.

Neben klassischen Vorspeisen kennt die jüdische Küche noch etliche weitere Snacks und kleine Mahlzeiten für zwischendurch. Ein ofenwarmes Stück Strudel oder eine herzhaft gefüllte Teigtasche (Knish), die man seinen Kindern für unterwegs mitgibt, ein cremiger Teller Hummus, den man als Nachmittagsimbiss mit einem Freund teilt, oder nach sephardischer Art zubereitete würzige Fleischbällchen, die man bei einer Cocktailparty im Stehen isst – diese Kleinigkeiten sind der beste Beweis dafür, dass Essen nicht immer aufwendig und üppig sein muss, um großartig zu schmecken.

Shalom ist meine Ode an die kleinen Köstlichkeiten der traditionellen jüdischen Küche. Die Rezepte umspannen den Globus von Marokko (Marokkanischer Orangen-Oliven-Salat, Seite 36) bis nach Russland (Pilz-Piroggen, Seite 99) und von Manhattan (Kanapees mit Räucherforelle, Seite 51) bis nach Rom (Frittierte Artischockenherzen, Seite 73). Es finden sich sowohl klassische Gerichte (Brotaufstrich mit Ei und karamellisierten Zwiebeln, Seite 12; Lahmacun, Seite 113; Zaziki, Seite 33) als auch kreative Weiterentwicklungen (Borschtsch-Crostini, Seite 46; Falafel mit Shiitake und Frühlingszwiebeln, Seite 75). Ich hoffe, dass Sie die Auswahl begeistert, überrascht und Ihnen, wie jede gute Vorspeise, Appetit macht auf mehr.

Hinweis zu den Portionsangaben

Die Portionsangaben in den Rezepten beziehen sich auf die Zubereitung der Gerichte als Snack oder Vorspeise, auf die noch ein Hauptgang folgt. Viele dieser Speisen können jedoch auch als Hauptmahlzeit gereicht werden.

****

KAPITEL 1

****

FRISCH, GERÖSTET, EINGELEGT

Dieses Kapitel enthält zahlreiche Rezepte für cremige Dips und Brotaufstriche, frisches oder würzig eingelegtes Gemüse und knusprige Crostini – alles für den perfekten Start eines leckeren Abendessens oder einer Party. Vorschläge für Rohkoststicks oder Cracker zum Dippen finden Sie auf Seite 22, eine Auswahl für eine jüdische Käseplatte ab Seite 58.

Brotaufstrich mit Ei und karamellisierten Zwiebeln

FÜR 6–8 PORTIONEN

Es gibt herkömmlichen Eiersalat und es gibt diese leckere Variante mit Ei und Zwiebeln. Eiersalat ist eine wunderbar cremige Delikatesse. Dieses Rezept dagegen ist - wenn auch weniger bekannt - der geheime Star der aschkenasischen Küche. Das Geheimnis liegt in den Zwiebeln, die zunächst karamellisiert und erst dann mit den Eiern vermischt werden. Sie verleihen dem Gericht eine feine Süße und einen unvergleichlichen Geschmack.

In Budapest fand ich auf der Speisekarte eines modernen jüdisch-ungarischen Restaurants, dem Macesz Bistro, Eier mit Zwiebeln, die in Entenschmalz gedünstet wurden. Ich war entzückt. Das Gericht nannte sich „Eier jüdischer Art". Ich füge noch eine Schalotte zu und verwende nur so viel Mayonnaise, dass die Masse gut gebunden wird, die anderen Aromen aber nicht untergehen. Servieren Sie den Aufstrich auf geröstetem Roggenbrot, einem Stück Challa, mit Crackern oder als Dip zu rohen Gemüsesticks.

8 EIER
3 EL NEUTRALES PFLANZENÖL ODER SCHMALZ
2 MITTELGROSSE ZWIEBELN, GESCHÄLT UND FEIN GEWÜRFELT
1 MITTELGROSSE SCHALOTTE, GESCHÄLT UND FEIN GEWÜRFELT
KOSCHERES SALZ
3 EL MAYONNAISE
1 TL PAPRIKAPULVER (EDELSÜSS)
FRISCH GEMAHLENER SCHWARZER PFEFFER

1. Die Eier in einen mittelgroßen Topf geben. Den Topf mit Wasser auffüllen und das Wasser ohne Deckel bei hoher Temperatur zum Kochen bringen. Sobald es kocht, den Herd abschalten, einen Deckel auflegen und die Eier 18 Min. ziehen lassen. Anschließend die Eier herausnehmen, unter kaltem Wasser abschrecken, pellen, halbieren und beiseitestellen.

2. In der Zwischenzeit Öl oder Schmalz in einer großen Pfanne bei mittlerer Temperatur erhitzen. Die Zwiebeln und die Schalotte zugeben und mit geschlossenem Deckel in 5–10 Min. weich dünsten. Dann mit etwas Salz würzen und 1 EL Wasser zugeben. Unter Rühren 5–10 Min. weiterdünsten, bis die Zwiebel- und Schalottenwürfel goldbraun und knusprig sind. Vom Herd nehmen und zum Abkühlen beiseitestellen.

3. Die gekochten Eier und die Hälfte der Zwiebelmischung im Mixer grob pürieren. Die Masse soll noch eine erkennbare Textur haben und nicht zu glatt sein. In eine mittelgroße Schüssel geben und Mayonnaise, Paprikapulver und die restliche Zwiebelmischung unterrühren. Mit Salz und Pfeffer würzen. Den Aufstrich kalt oder warm servieren. Luftdicht verschlossen hält er sich bis zu 3 Tage im Kühlschrank.

Gehackte Leber vegetarisch

FÜR 8–10 PORTIONEN

Gehackte Hühnerleber war schon immer ein zentraler Bestandteil in der Küche osteuropäischer Juden. Um das traditionelle Gericht auch zusammen mit Milchprodukten essen zu können – die jüdischen Speisevorschriften sehen eigentlich eine strikte Trennung von Fleisch und Milchspeisen vor –, erfanden amerikanische Juden die vegetarische Version der Gehackten Leber. Diese fleischlose Variante eroberte die sogenannten „Dairy Restaurants" an der Lower East Side in New York, die Milchprodukte und Fisch, aber kein Fleisch servieren.

Mitte des 20. Jahrhunderts bestanden die vegetarischen Rezepte für Gehackte Leber aus einem Püree von Erbsen oder grünen Bohnen aus der Dose, das mit riesigen Mengen an Röstzwiebeln aromatisiert und mit gemahlenen Walnüssen und zerbröselten koscheren Tam-Tam-Crackern eingedickt wurde. Im Ratner's, dem berühmtesten Dairy Restaurant in New York, verwendete man Linsenpüree, um die fleischige Konsistenz zu imitieren, sowie einen Löffel Erdnussbutter als geheime Zutat. Meine vegetarische Variante besteht aus Kidneybohnen, die ich mit Champignons und gedünsteten Schalotten mische und die dadurch besonders aromatisch schmeckt. Im Mixer zerkleinerte hart gekochte Eier machen die Bohnencreme reichhaltiger. Servieren Sie sie mit Crackern zum Dippen oder als Aufstrich für Challa oder Roggenbrot.

3 EIER
3 EL NEUTRALES PFLANZENÖL
340 G SCHALOTTEN, GESCHÄLT UND IN DÜNNE RINGE GESCHNITTEN
KOSCHERES SALZ
225 G CHAMPIGNONS, GEPUTZT, ENTSTIELT UND GEHACKT
1 EL BRAUNER ZUCKER
30 G WALNUSSKERNE, GEHACKT
400 G KIDNEYBOHNEN (DOSE)
2 EL MAYONNAISE
1 EL PAPRIKAPULVER (EDELSÜSS)
1 TL ZWIEBELPULVER
FRISCH GEMAHLENER SCHWARZER PFEFFER

1. Die Eier in einen kleinen Topf geben. Den Topf mit Wasser auffüllen und das Wasser ohne Deckel bei hoher Temperatur zum Kochen bringen. Sobald es kocht, den Herd abschalten, einen Deckel auflegen und die Eier 18 Min. ziehen lassen. Anschließend die Eier herausnehmen, unter kaltem Wasser abschrecken, pellen, vierteln und beiseitestellen.

2. In der Zwischenzeit das Öl in einer Pfanne bei mittlerer Temperatur erhitzen. Die Schalotten mit etwas Salz zugeben und mit geschlossenem Deckel in 10 Min. goldbraun dünsten. Den Deckel abnehmen, Champignons und braunen Zucker zugeben und alles unter Rühren ca. 10 Min. weiterdünsten, bis die Pilze ordentlich Farbe bekommen haben und die Flüssigkeit größtenteils verdampft ist. Vom Herd nehmen und leicht abkühlen lassen.

3. Eier, Schalotten-Pilz-Mischung, Walnüsse, Kidneybohnen, Mayonnaise sowie Paprika- und Zwiebelpulver in einen Mixer geben. Mit Salz und Pfeffer kräftig würzen und glatt pürieren. In eine mittelgroße Schüssel füllen und abgedeckt mindestens 2 Std. oder über Nacht in den Kühlschrank stellen. Kalt oder bei Zimmertemperatur servieren. Der Aufstrich hält sich luftdicht verschlossen bis zu 3 Tage im Kühlschrank.

Süßkartoffel-Hummus

FÜR 6–8 PORTIONEN

Als Hummus, der orientalische Dip aus Kichererbsen und Sesampaste, in den 80er- und 90er-Jahren in Amerika bekannt wurde, fanden sich schon bald die ersten industriell hergestellten Gläser in den Supermarktregalen. Es begann ganz unschuldig mit Kombinationen aus gerösteter roter Paprika und Pesto. Doch schon bald folgten so verrückte Varianten wie Hummus mit Ranch- oder Pizza-Gewürz.

Ich bin immer dafür, traditionelle Rezepte innovativ weiterzuentwickeln, dabei sollte jedoch das originale Gericht im Kern erhalten bleiben. Das bedeutet im Fall von Hummus, dass die Hauptzutaten - Kichererbsen, Tahini (Seite 128) und Knoblauch - unangetastet bleiben, aber durchaus mit Aromen experimentiert werden kann. Geröstete Süßkartoffeln aus dem Ofen bringen einen leicht süßlichen Geschmack und etwas Farbe in das Gericht. Das Paprikapulver gibt eine schöne Rauchnote, die ich sehr spannend finde. Wer es gern würzig mag, kann je nach Belieben die Menge von gemahlenem Kreuzkümmel und geräuchertem Paprikapulver variieren.

450 G SÜSSKARTOFFELN
1 DOSE KICHERERBSEN (À 400 G)
75 G TAHINI (SESAMPASTE)
75 ML NATIVES OLIVENÖL EXTRA PLUS ETWAS ZUM BETRÄUFELN
1 GROSSE KNOBLAUCHZEHE, GESCHÄLT UND GROB GEHACKT
3 EL FRISCH GEPRESSTER ZITRONENSAFT

1 ½ EL KOSCHERES SALZ
½ TL GERÄUCHERTES PAPRIKAPULVER
½ TL GEMAHLENER KREUZKÜMMEL
ETWAS FRISCHER KORIANDER ZUM GARNIEREN, GEHACKT

1. Den Backofen auf 200 °C vorheizen. Die Süßkartoffeln mit der Spitze eines scharfen Messers mehrmals einstechen und auf ein mit Backpapier ausgelegtes Backblech legen. In 45-60 Min. im Ofen weich garen. Aus dem Ofen nehmen, halbieren und etwas abkühlen lassen.

2. Die Kichererbsen in einem Sieb abtropfen lassen, dabei die Flüssigkeit auffangen. Die Süßkartoffeln pellen und mit Tahini, Olivenöl, Kichererbsen, Knoblauch, Zitronensaft, Salz, Paprikapulver und Kreuzkümmel im Mixer 2-3 Min. pürieren, dabei 60-75 ml der Kichererbsenflüssigkeit langsam zugießen, bis eine glatte Creme entsteht. Das Hummus in eine flache Schüssel oder auf einen Teller geben, mit etwas Olivenöl beträufeln und mit Koriander bestreuen. Luftdicht verschlossen hält es sich im Kühlschrank bis zu 1 Woche.

LECKERES ZUM DIPPEN

Köstliche Cremes und Aufstriche verlangen nach knackigen Gemüsesticks oder Crackern zum Eintunken. Hier folgt eine Auswahl von meiner Lieblingsrohkost und allerlei knusprigem Gebäck, das sich perfekt zum Dippen eignet.

Wassermelonenrettich-Scheiben

Zuckererbsen

Cherrytomaten

Yambohnen-Scheiben

Endivienblätter

Fenchelstreifen

Violette Blumenkohlröschen

Gedünstete Spargelstangen

Gedämpfte Kartoffelsticks

Schottische Haferkekse

Reiscracker mit schwarzem Sesam

Gemüsechips

Würzige Roggen-Cracker (Seite 39)

Pita-Chips mit Zatar und Knoblauch (Seite 43)

Auberginen-Carpaccio

FÜR 4–6 PORTIONEN

In gehobenen israelischen Restaurants wie etwa Ezra Kedems Arcadia in Jerusalem ist Auberginen-Carpaccio eine der angesagtesten Vorspeisen. Es wird aus einer „verbrannten" Aubergine zubereitet, deren Fruchtfleisch mit einer Gabel zerdrückt und mit Tahini (Seite 128), Joghurt, gehackten Kräutern, Tomate und Zitronensaft serviert wird. Der Name passt eigentlich nicht ganz, denn klassisches Carpaccio besteht aus hauchdünn geschnittenen Scheiben von rohem Rindfleisch. Aber es klingt einfach gut. Und was noch wichtiger ist: Die Mischung aus rauchigen und frischen Aromen, die aus den einfachsten Zutaten gezaubert wird, ist wirklich unwiderstehlich.

Auberginen-Carpaccio ist außerdem wunderbar vielseitig. Es gibt es in Dutzenden Variationen. Sie können Petersilie anstelle von Minze verwenden, Zatar (Seite 128) statt Oregano oder Silan (Dattelhonig) für Bienenhonig - alles ist möglich. Wenn Sie die koscheren Speiseregeln beachten wollen und das Carpaccio als Vorspeise zu einem Fleischgericht reichen, lassen Sie den Joghurt weg. Und wenn Sie für mehrere Gäste kochen, bereiten Sie ein paar mehr Auberginen zu und erhöhen Sie die Mengen der Toppings.

2 MITTELGROSSE AUBERGINEN (CA. 450 G)
1 GROSSE REIFE FLASCHENTOMATE, GEPUTZT UND GEWÜRFELT
60 G NATURJOGHURT (3,5 % FETTANTEIL)
2 EL FRISCH GEPRESSTER ZITRONENSAFT
2 EL TAHINI (SESAMPASTE)

2 EL MILDER HONIG
2 EL FRISCHER OREGANO, GEHACKT
2 EL FRISCHE MINZE, GEHACKT
MEERSALZFLOCKEN
FRISCH GEMAHLENER SCHWARZER PFEFFER

1. Die grünen Stielansätze der Auberginen etwas zurückschneiden, den Stiel jedoch intakt lassen. Die Auberginen mit einer Gabel mehrmals rundherum einstechen und in zwei Lagen Alufolie wickeln. Die Auberginen jeweils direkt auf den Rost einer Gasherdplatte legen. Die Herdplatten auf mittlere Temperatur erhitzen und die Auberginen in 15–20 Min. weich garen, dabei alle paar Minuten mit einer Zange drehen. Immer in der Nähe des Herds bleiben, damit die Auberginen nicht verbrennen. Die Auberginen von der Herdplatte nehmen und die Folie entfernen. Die Schale sollte faltig und blasig sein. Die Auberginen 20 Min. in einem Sieb abtropfen und abkühlen lassen. Anschließend mit einem scharfen Messer die Schale entfernen und entsorgen.

2. Die geschälten Auberginen auf einen Teller legen. Das Fruchtfleisch mit einer Gabel leicht zerdrücken. Die Tomatenwürfel darauf verteilen und rundherum sowie auf das Auberginenfruchtfleisch löffelweise Joghurt geben. Das Carpaccio mit Zitronensaft, Tahini und Honig beträufeln und mit Oregano und Minze bestreuen. Mit Meersalz und Pfeffer würzen. Warm oder zimmerwarm servieren.

Grünes Matbucha

FÜR 8 PORTIONEN

Dieses nordafrikanische Gemüse-Relish, das besonders in der Küche des Nahen Ostens und in Israel beliebt ist, fängt den Sommer ein. Es wird aus Tomaten, Paprika und manchmal auch aus Auberginen zubereitet und mit Knoblauch und Chili gewürzt. Ich verfeinere das klassische Rezept gerne noch mit kräftigen grünen Kräutern und Zatar (Seite 128). Matbucha ist häufiger Bestandteil einer Mezze-Tafel und wird mit Challa, Crackern (Seite 39) oder Pita-Chips (Seite 43) gegessen. Es schmeckt aber auch hervorragend zu Eiern, Hühnerfleisch oder gebratenem Fisch.

60 ML NATIVES OLIVENÖL EXTRA PLUS 2 EL FÜR DIE KRÄUTERMISCHUNG

1 MITTELGROSSE ZWIEBEL, GESCHÄLT UND FEIN GEWÜRFELT

160 G AUBERGINE, GESCHÄLT UND IN 1 CM GROSSE WÜRFEL GESCHNITTEN

1 MITTELGROSSE GRÜNE PAPRIKA, GEPUTZT UND IN 1 CM GROSSE WÜRFEL GESCHNITTEN

1 JALAPEÑO, GEPUTZT UND FEIN GEHACKT

1 EL ZUCKER

KOSCHERES SALZ

6 KNOBLAUCHZEHEN, GESCHÄLT UND FEIN GEHACKT

2 TL ZATAR PLUS ETWAS ZUM NACHWÜRZEN

½ TL ZWIEBELPULVER

½ TL ROTE CHILIFLOCKEN

1 DOSE STÜCKIGE TOMATEN (À 400 G)

50 G FRISCHES BASILIKUM

25 G FRISCHE MINZE

FRISCH GEMAHLENER SCHWARZER PFEFFER

1. Das Olivenöl in einer großen Pfanne bei mittlerer Temperatur erhitzen. Zwiebel, Aubergine, Paprika und Jalapeño mit Zucker und 1 kräftigen Prise Salz zugeben und alles unter gelegentlichem Rühren in ca. 15 Min. weich dünsten. Knoblauch, Zatar, Zwiebelpulver und Chiliflocken zufügen und die Mischung unter Rühren weitere 1–2 Min. braten, bis sie aromatisch duftet.

2. Die Tomaten mit dem Saft unterrühren und kurz aufkochen. Die Hitze reduzieren und das Matbucha 10 Min. mit halb aufgelegtem Deckel und unter Rühren einkochen, bis das Gemüse sehr weich wird. Dabei nach der Hälfte der Garzeit das Gemüse mit einem Kartoffelstampfer oder einer Gabel leicht zerdrücken.

3. In der Zwischenzeit Basilikum, Minze, 1 kräftige Prise Salz und 2 EL Olivenöl in einem Mixer zu einer glatten Paste pürieren.

4. Die Kräuterpaste zur Auberginenmischung in die Pfanne geben und ca. 5 Min. mitbraten, bis das Matbucha leicht eindickt. Von der Herdplatte nehmen und mit Salz und Pfeffer würzen. In eine Schüssel füllen und mit etwas Zatar bestreuen. Warm oder zimmerwarm servieren. Abgedeckt ist das Matbucha im Kühlschrank bis zu 3 Tage haltbar.

Muhammara

FÜR 6 PORTIONEN

Muhammara ist eines der Highlights unter den Dips auf der nahöstlichen Mezze-Tafel. Es stammt ursprünglich aus Aleppo in Syrien und ist in der ganzen Region beliebt. Man püriert hierfür geröstete rote Paprikaschoten mit Walnüssen, Granatapfelsirup, Semmelbröseln und Kreuzkümmel zu einer feinen Creme, deren Geschmack genauso hervorstechend ist wie ihre rötliche Farbe. Juden im Nahen Osten servieren Muhammara mit Pita zum Dippen als Vorspeise oder als Hauptgericht zu gebratenen Auberginenscheiben oder gegrilltem Fleisch.

Eine wichtige Rolle bei der Zubereitung von Muhammara spielt der Granatapfelsirup, der aus würzig eingekochtem Granatapfelsaft gemacht wird. Der Sirup ist fertig im Handel oder im Internet erhältlich (Seite 125). Man kann ihn aber auch ganz einfach selbst herstellen: Dazu 120 ml 100-prozentigen Granatapfelsaft in einem kleinen Topf bei mittlerer Temperatur erhitzen und 10–15 Min. unter Rühren einkochen lassen, bis die Flüssigkeit an einem Löffelrücken hängen bleibt. Der Sirup schmeckt auch hervorragend zu gebratenem Fisch, Getreidegerichten und Käse.

50 G WALNUSSKERNHÄLFTEN

200 G GERÖSTETE ROTE PAPRIKA (GLAS), GUT ABGETROPFT UND GROB GEHACKT

2 FRÜHLINGSZWIEBELN, GEPUTZT UND IN GROBE RINGE GESCHNITTEN

40 G SEMMELBRÖSEL

1 KLEINE KNOBLAUCHZEHE, GESCHÄLT

1 TL GETROCKNETE MINZE PLUS ETWAS ZUM GARNIEREN

½ TL ROTE CHILIFLOCKEN, NACH BELIEBEN MEHR

1 TL GEMAHLENER KREUZKÜMMEL

2 TL FRISCH GEPRESSTER ZITRONENSAFT, NACH BELIEBEN MEHR

1 EL GRANATAPFELSIRUP

½ TL KOSCHERES SALZ, NACH BELIEBEN MEHR

75 ML NATIVES OLIVENÖL EXTRA PLUS ETWAS ZUM BETRÄUFELN

FRISCHE GRANATAPFELKERNE ZUM GARNIEREN

1. Die Walnüsse 5–7 Min. ohne Fett in einer kleinen Pfanne bei mittlerer Hitze rösten, bis sie aromatisch duften und etwas Farbe bekommen haben. Dabei die Pfanne ab und zu schwenken. Die Nüsse vom Herd nehmen und auf einem Schneidebrett abkühlen lassen. Anschließend grob hacken.

2. Walnüsse, Paprika, Frühlingszwiebeln, Semmelbrösel, Knoblauch, Minze, Chiliflocken, Kreuzkümmel, Zitronensaft, Granatapfelsirup und Salz im Mixer grob pürieren. Das Olivenöl zugießen und so lange weitermixen, bis eine glatte Creme entstanden ist. Nach Belieben mit mehr Salz, Chiliflocken und Zitronensaft abschmecken. Dabei jedoch beachten, dass sich die Aromen und Gewürze intensivieren, je länger die Creme ruht.

3. Muhammara in eine flache Schüssel geben. In der Mitte mit einem Löffelrücken eine kleine Mulde formen und Granatapfelkerne und etwas getrocknete Minze hineingeben. Den Dip mit Olivenöl beträufeln und am besten sofort servieren. Luftdicht verschlossen hält sich Muhammara im Kühlschrank bis zu 3 Tage.

Zaziki

FÜR 6–8 PORTIONEN

Zaziki ist als Traditionsgericht unter anderem in der Türkei, in Griechenland, Armenien, im Iran und Libanon weitverbreitet. Die klassische Kombination aus Joghurt, Gurke und Knoblauch wird mal als Dip, als Soße, als Salat oder verdünnt als kalte Suppe gegessen. Sephardische Juden reichen Zaziki traditionell zu gebratenen Auberginen, Pita oder Fisch. Gelegentlich findet man auch Varianten mit gemahlenen Walnüssen, Dill oder Rosenblütenblättern oder mit Tahini (Seite 128) anstelle von Joghurt. Genauso vielfältig wie die Zubereitungsarten sind auch die Rezeptnamen, unter denen verschiedene Versionen bekannt sind, wie *Cacık, Tarator* oder *Khiar bi laban.*

Zaziki ist einfach zuzubereiten, es braucht aber trotzdem etwas Finesse für die richtige Konsistenz und den perfekten Geschmack. Ich gebe gern einen Klecks saure Sahne oder Schmand zum Joghurt und rühre mit dem Knoblauch ein wenig Zitronenabrieb unter. Die Gurke schneide ich nicht nur klein, sondern reibe sie, damit sie sich besser mit der Soße verbindet. Anschließend drücke ich die Gurkenflüssigkeit gut aus, sodass das Zaziki nicht zu wässrig wird. Da ich eine Schwäche für alles Cremige habe, ist Zaziki einer meiner Favoriten unter den Dips. Und ich glaube, ich habe eine Version entwickelt, die nahe an der Perfektion ist. Am besten schmeckt sie mit selbst gemachten Pita-Chips (Seite 43) und Rohkost.

300 G GRIECHISCHER JOGHURT (10 % ODER 2 % FETTANTEIL)

100 G SAURE SAHNE

1 EL NATIVES OLIVENÖL EXTRA

¼ TL BIO-ZITRONENABRIEB

1 EL FRISCH GEPRESSTER ZITRONENSAFT

1 TL WEISSWEINESSIG

1 GROSSE KNOBLAUCHZEHE, GESCHÄLT UND FEIN GEHACKT ODER GEPRESST

2 TL GETROCKNETER DILL

KOSCHERES SALZ

FRISCH GEMAHLENER SCHWARZER PFEFFER

5 KLEINE SALAT- ODER KIRBYGURKEN, GESCHÄLT UND GROB GERIEBEN

1. Joghurt, saure Sahne, Olivenöl, Zitronenabrieb, Zitronensaft, Essig, Knoblauch und Dill in einer großen Schüssel verrühren und mit 1/2 TL Salz und Pfeffer würzen.

2. Die geriebenen Gurken in die Mitte eines Geschirrtuchs legen, die Ränder und Ecken zusammennehmen und die Flüssigkeit aus den Gurken herauspressen. Anschließend die Gurken in die Schüssel geben und untermischen. Das Zaziki abgedeckt mindestens 1 Std. oder über Nacht in den Kühlschrank stellen und anschließend erneut mit Salz abschmecken. Kalt servieren. Zaziki hält sich abgedeckt bis zu 3 Tage im Kühlschrank.

Marokkanischer Orangen-Oliven-Salat

FÜR 6 PORTIONEN

In der marokkanischen Küche verwendet man Orangen häufig als Basis für verschiedene süße Salate. Diese Variante mit schwarzen Oliven ist ein absoluter Klassiker. Auch wenn es auf den ersten Blick nicht so scheint, ist die Kombination der süßen Zitrusfrucht mit den salzigen, in Öl eingelegten Oliven (Seite 127) wirklich unwiderstehlich.

Bei marokkanischen Juden ist dieser Salat oft Teil der üppigen Mezze-Tafel - und eine erfrischende Eröffnung der Sabbat-Mahlzeit. Ein paar Tropfen gutes Öl, üblicherweise marokkanisches Arganöl, und etwas Salz reichen schon aus, damit sich die verschiedenen Aromen harmonisch zusammenfügen. Ein wenig geräuchertes Paprikapulver, Limettensaft und Honig sorgen für noch mehr Pep.

60 ML NATIVES OLIVENÖL EXTRA

2 EL FRISCH GEPRESSTER LIMETTENSAFT

1 EL HONIG

1 KLEINE KNOBLAUCHZEHE, GESCHÄLT UND FEIN GEHACKT ODER GEPRESST

½ TL GEMAHLENER KREUZKÜMMEL

¼ TL GERÄUCHERTES PAPRIKAPULVER

1 PRISE ROTE CHILIFLOCKEN

½ TL KOSCHERES SALZ

6 NAVELORANGEN

160 G IN ÖL EINGELEGTE SCHWARZE OLIVEN OHNE STEIN, GROB GEHACKT

FRISCHE GLATTE PETERSILIE ZUM GARNIEREN, GEHACKT

1. Für das Dressing Olivenöl, Limettensaft, Honig, Knoblauch, Kreuzkümmel, Paprikapulver, Chiliflocken und Salz in einer kleinen Schüssel verrühren. Beiseitestellen.

2. Von den Orangen mit einem scharfen Messer oben und unten eine dünne Scheibe abschneiden, sodass sie einen festen Stand haben. Die Orangen auf eine der flachen Seiten stellen und von oben, der Rundung folgend, die Schale abschneiden, dabei die weiße Haut komplett entfernen. Die Orangen auf die gerundete Seite legen und jeweils in 1 cm dicke Scheiben schneiden.

3. Die Orangenscheiben auf einer Servierplatte anrichten. Die Oliven darübergeben. Den Salat mit Petersilie bestreuen und mit dem Dressing beträufeln. Sofort servieren.

Würzige Roggen-Cracker

FÜR 6 PORTIONEN

Diese Cracker sind inspiriert von dem sogenannten „Everything Bagel", der in den 80er-Jahren von einem genialen jüdischen Bagel-Bäcker in New York erfunden wurde. Als er am Abend seine Backstube aufräumte, wischte er auch alle Toppings, die beim Backen von den Bagels gefallen waren, aus dem Ofen. Die Mischung aus Mohn- und Sesamsamen, Salz, Zwiebel- und Knoblauchflocken brachte ihn auf eine Idee. Warum diese Zutaten immer nur einzeln auf die Bagels streuen und nicht auch mal alle zusammen? So entstand der „Everything Bagel", der mit „allem" bestreut wird, womit man Bagels bestreuen kann. Die Idee wurde ein Riesenerfolg. Längst gibt es die Körner-Gewürz-Mischung, die mittlerweile nicht nur für Bagels, sondern auch für alle möglichen anderen Gerichte verwendet wird, fertig zu kaufen. Ich toppe damit am liebsten meine Roggen-Cracker, die hervorragend zu dem Brotaufstrich mit Ei und karamellisierten Zwiebeln (Seite 12), zu der vegetarischen Variante der Gehackten Leber (Seite 15) und vielen anderen Dips passen.

Verwenden Sie für die Gewürzmischung entwässerte, getrocknete Knoblauch- und Zwiebelflocken. Knoblauch- oder Zwiebelpulver hat ein zu starkes Aroma, das den feinen Roggengeschmack überdecken würde. Die Zutaten für die Körner-Gewürz-Mischung ergeben eine größere Menge, als Sie für die Cracker brauchen. Alles, was übrig bleibt, können Sie über Rührei, Popcorn, Pasta, gegrilltes Gemüse oder Salat streuen.

FÜR DIE KÖRNER-GEWÜRZ-MISCHUNG

1 EL MOHNSAMEN

1 EL SESAMSAMEN

1 EL GETROCKNETE KNOBLAUCHFLOCKEN (ENTWÄSSERT)

1 EL GETROCKNETE ZWIEBELFLOCKEN (ENTWÄSSERT)

2 TL KOSCHERES SALZ

FÜR DIE CRACKER

150 G WEIZENMEHL PLUS MEHL FÜR DIE ARBEITSFLÄCHE

120 G ROGGENMEHL

1 TL KOSCHERES SALZ

½ TL BACKPULVER

150 ML VOLLMILCH ODER MANDELMILCH

60 ML NATIVES OLIVENÖL EXTRA PLUS ETWAS ZUM BEPINSELN

1. Für die Körner-Gewürz-Mischung Mohn- und Sesamsamen, Knoblauch- und Zwiebelflocken sowie Salz in einer kleinen Schüssel vermischen. Beiseitestellen.

2. Den Backofen auf 180 °C vorheizen. Für die Cracker beide Mehlsorten, Salz und Backpulver in einer großen Schüssel vermischen. In der Mitte eine Mulde formen und Milch und Olivenöl hineingeben. Alle Zutaten zu einem homogenen Teig vermengen.

3. Den Teig auf der bemehlten Arbeitsfläche glatt kneten und mit einem Nudelholz zu einem 4 mm dünnen Rechteck ausrollen. Die Ränder begradigen. Den Teig mit einer Gabel mehrmals einstechen und dünn mit Olivenöl bepinseln. Die Körner-Gewürz-Mischung oder einen Teil davon nach Belieben darüberstreuen.

4. Den Teig mit einem scharfen Messer oder Pizzaroller in kleine Rechtecke oder -quadrate schneiden. Die Teigstücke mit ca. 1 cm Abstand auf mit Backpapier ausgelegte Backbleche legen.

5. Die Backbleche nacheinander für je 17–20 Min. in den Ofen schieben, bis die Cracker knusprig und an den Rändern goldbraun sind. Die Cracker mit dem Backpapier auf ein Kuchengitter heben und auskühlen lassen. In einem luftdicht verschlossenen Gefäß halten sie sich bei Zimmertemperatur 1 Woche.

Pita-Chips mit Zatar und Knoblauch

FÜR 6 PORTIONEN

Selbst gemachte Pita-Chips sind einfach köstlich und schnell zuzubereiten. Ein wenig Olivenöl, etwas Salz und Pfeffer - und nach ein paar Minuten im Ofen ist der leckere Snack zum Knabbern oder Dippen fertig. Ich füge noch etwas Knoblauchöl und einen Hauch Zatar (Seite 128), eine Gewürzmischung aus dem Nahen Osten, hinzu. Die Pita-Chips sind als Partysnack genauso gut geeignet wie als kleine Knabberei für zwischendurch. Wenn Sie sehr weiche Pitas verwenden, lassen Sie die Chips einige Minuten länger im Ofen.

75 ML NATIVES OLIVENÖL EXTRA
3 KNOBLAUCHZEHEN, GESCHÄLT UND GEHACKT ODER GEPRESST
3 EL ZATAR
1 TL ZWIEBELPULVER
4 GROSSE WEIZEN- ODER VOLLKORN-PITAS (FLADENBROTE)
KOSCHERES SALZ
FRISCH GEMAHLENER SCHWARZER PFEFFER

1. Den Backofen auf 190 °C vorheizen. Das Öl in einem kleinen Topf bei geringer Temperatur erhitzen. Den Knoblauch zugeben und unter Rühren ca. 1 Min. dünsten, bis er aromatisch duftet. Von der Herdplatte nehmen und 10 Min. stehen lassen. Zatar und Zwiebelpulver unterrühren. Beiseitestellen.

2. Jede Pita in 8 gleich große Kuchenstücke schneiden. Die Stücke auf beiden Seiten mit der Knoblauchöl-Gewürz-Mischung bepinseln und auf zwei mit Backpapier ausgelegten Backblechen verteilen. Mit Salz und Pfeffer würzen.

3. Die Backbleche nacheinander für je 10–15 Min. in den Ofen schieben, bis die Pita-Chips knusprig und goldbraun sind. Herausnehmen und mit dem Backpapier auf ein Kuchengitter heben. Die Chips auskühlen lassen und zimmerwarm servieren. In einem luftdicht verschlossenen Gefäß halten sie sich 3 Tage. Wenn Sie die Chips nicht sofort verzehren, backen Sie sie 4 Min. bei 180 °C im Backofen auf.

Borschtsch-Crostini

FÜR 6 PORTIONEN

Ob warm oder kalt, mit Fleisch oder vegetarisch - die als Borschtsch bekannte Rote-Bete-Suppe ist ein Hauptbestandteil im Speisenrepertoire aschkenasischer Juden. Vielleicht liegt es daran, dass die leuchtend rubinrote Farbe und der würzig-süße Geschmack von Borschtsch ein schönes Gegengewicht zu den sonst farblich gedeckten und eher schweren Gerichten wie Kartoffelkugel, Challa, Tscholent oder Latkes darstellen. Ich mag Borschtsch sehr gern - allerdings nicht als Kaltgericht, das vor allem in den warmen Sommermonaten beliebt ist. Stattdessen nehme ich die wichtigsten Zutaten der Suppe wie Rote Bete, Möhren, Zwiebeln, frischen Dill, Knoblauch und Crème fraîche und belege damit geröstetes Brot. Diese Crostini sehen mit der Roten Bete und den gehackten Kräutern nicht nur umwerfend aus, sondern sind vielseitig einsetzbar, zum Beispiel als Partysnack oder leichtes Abendessen. Die einzelnen Komponenten lassen sich gut vorbereiten und müssen kurz vor dem Servieren nur noch schnell zusammengefügt werden.

3 MITTELGROSSE ROTE BETE, GESCHÄLT, HALBIERT UND IN 1 CM DICKE SCHEIBEN GESCHNITTEN

4 MITTELGROSSE MÖHREN, GESCHÄLT, LÄNGS HALBIERT UND IN 5 CM LANGE STÜCKE GESCHNITTEN

3 EL ROTWEINESSIG

2 EL NATIVES OLIVENÖL EXTRA PLUS ETWAS ZUM BETRÄUFELN

KOSCHERES SALZ

FRISCH GEMAHLENER SCHWARZER PFEFFER

60 ML FRISCH GEPRESSTER LIMETTENSAFT

2 EL ZUCKER

1 KLEINE ROTE ZWIEBEL, GESCHÄLT, GEVIERTELT UND IN HAUCHDÜNNE STREIFEN GESCHNITTEN

35 G FRISCHER DILL, GEHACKT

ABRIEB VON 1 BIO-ZITRONE

1 GROSSE KNOBLAUCHZEHE, GESCHÄLT UND GROB GEHACKT

12 SCHEIBEN SAUERTEIG- ODER ROGGENBROT

225 G CRÈME FRAÎCHE ODER SAURE SAHNE

1. Den Backofen auf 230 °C vorheizen. Ein Backblech mit Alufolie auslegen. Rote Bete, Möhren, 2 EL Rotweinessig, Olivenöl, 1/2 TL Salz und Pfeffer auf dem Backblech vermischen und gleichmäßig verteilen. Im heißen Ofen 25-35 Min. backen, bis das Gemüse weich ist, dabei einmal wenden. Herausnehmen und abkühlen lassen.

2. In der Zwischenzeit 1 EL Rotweinessig, Limettensaft, Zucker und 1 Prise Salz in einer mittelgroßen Schüssel verrühren. Die Zwiebelstreifen gut untermischen, sodass sie komplett von dem Dressing bedeckt sind. 15-20 Min. oder abgedeckt über Nacht im Kühlschrank ziehen lassen, dabei ein- bis zweimal umrühren.

3. Dill, Zitronenabrieb und Knoblauch mit einem Messer auf einem Schneidebrett hacken, bis sich die Zutaten gut vermischt haben.

4. Die Backofentemperatur auf 200 °C reduzieren. Die Brotscheiben auf einer Seite mit Olivenöl beträufeln, salzen und auf zwei Backblechen verteilen. Die Crostini in 8–10 Min. im Ofen goldbraun und knusprig rösten. Herausnehmen und leicht abkühlen lassen.

5. Jeweils 1 EL Crème fraîche oder saure Sahne auf die Brotscheiben streichen und Rote Bete, Möhren und Zwiebeln daraufgeben. Die Crostini mit der Dillmischung bestreuen und mit Pfeffer würzen. Sofort servieren.

Kanapees mit Räucherforelle

FÜR 6 PORTIONEN

Geräucherte Forelle (Seite 125) ist in der jüdischen Küche nicht so bekannt wie Räucherlachs oder eingelegter Hering, aber sie ist eine tolle Ergänzung für jede Fischplatte. Zunächst gepökelt und dann heiß geräuchert, werden die Forellenfilets schön zart und entwickeln ein feines Aroma. Die Kanapees sind in nur 10 Minuten zubereitet. Ich reiche sie gern beim Chanukka-Fest, damit meine Gäste schon mal etwas zu naschen haben, während die Latkes noch in der Pfanne brutzeln.

170 G FRISCHKÄSE (DOPPELRAHMSTUFE), ZIMMERWARM

1 EL KAPERN IN SALZLAKE (GLAS), ABGETROPFT

2 TL FRISCH GEPRESSTER ZITRONENSAFT

2 FRÜHLINGSZWIEBELN, GEPUTZT UND FEIN GESCHNITTEN

KOSCHERES SALZ

12 SCHEIBEN PUMPERNICKEL, IN CA. 7,5 CM GROSSE QUADRATE GESCHNITTEN

225 G GERÄUCHERTE FORELLENFILETS, MIT DER GABEL LEICHT ZERDRÜCKT

ETWAS FRISCHER SCHNITTLAUCH, GROB GESCHNITTEN

FRISCH GEMAHLENER SCHWARZER PFEFFER

1. Frischkäse, Kapern, Zitronensaft, Frühlingszwiebeln und 1 Prise Salz im Mixer glatt pürieren.

2. Die Frischkäsemischung auf die Brotscheiben streichen. Die Forellenstücke daraufgeben. Die Kanapees mit Schnittlauchröllchen bestreuen und mit Pfeffer würzen. Sofort servieren.

Eingelegte Cherrytomaten

FÜR 8 PORTIONEN

Zu Beginn des 20. Jahrhunderts war New Yorks Lower East Side übersät von jüdischen Straßenhändlern, die in ihren Karren eine unglaubliche Vielfalt an Pickles, also in würzigem Essigsud oder Salzlake eingelegtes Gemüse, verkauften. Das Angebot reichte von Gewürzgurken über eingelegte Kohlköpfe, Melonen, Pilze, Auberginen bis zu Roter Bete, grünen Bohnen und Tomaten. Einige Jahrzehnte später erinnert sich der jüdische Kochbuchautor und Gastronomieexperte Arthur Schwartz in seinem Standardwerk *Jewish Homecooking: Yiddish Recipes Revisited* an die eingelegten Tomaten. „Immer wenn wir eine traditionelle jüdische Mahlzeit einnahmen, stellte meine Mutter eine Platte mit sauer eingelegtem Gemüse in die Mitte des Tischs", schreibt er. „Sie waren nicht nur ein farbenfroher Hingucker, sondern für meine Mutter gleichzeitig eine Erinnerung daran, woher wir kommen."

Früher hat man in der Regel unreife, also grüne Tomaten eingelegt. Ich bevorzuge rote Cherrytomaten, die ich frisch auf dem Markt kaufe. Nach ein paar Tagen im Kühlschrank werden sie leicht runzlig, während sie die köstlichen Aromen des salzigen Essigsuds aufnehmen. Wenn man in eine solche Tomate hineinbeißt, hat man sofort den Geschmack vom Sommer auf der Zunge. Die eingelegten Tomaten machen sich hervorragend in Salaten, sind aber auch pur ein Genuss. Ich verwende sie als Beilage einer Käseplatte (Seite 58) oder für die Mezze-Tafel an Sabbat. Bereiten Sie die Tomaten 3–4 Tage im Voraus zu, damit sich ihr einzigartiges Aroma gut entfalten kann.

120 ML APFELWEINESSIG
60 ML WEISSWEINESSIG
1 EL KOSCHERES SALZ
2 TL ZUCKER
480 G CHERRYTOMATEN ODER TRAUBENTOMATEN
4 KNOBLAUCHZEHEN, IN DÜNNE SCHEIBEN GESCHNITTEN
15 G FRISCHER DILL MIT STÄNGELN
1 ZWEIG ROSMARIN
2 TL SCHWARZE PFEFFERKÖRNER

1. Beide Essigsorten mit 240 ml Wasser, Salz und Zucker in einem kleinen Topf vermischen. Alles bei mittlerer Hitze zum Kochen bringen, dabei rühren, bis sich Zucker und Salz aufgelöst haben. Den Sud vom Herd nehmen und 15–20 Min. abkühlen lassen.

2. Die Tomaten zwei- bis dreimal mit einem spitzen Messer einstechen und in ein großes sauberes Glas (1 l Fassungsvermögen) geben. Knoblauch, Dill, Rosmarin und Pfefferkörner zufügen und das Glas mit dem Essigsud auffüllen, sodass alles gut mit Flüssigkeit bedeckt ist. Mit einem Geschirrtuch abdecken und die Tomaten 2 Std. ziehen lassen, bis der Sud ausgekühlt ist. Das Gefäß mit einem Deckel verschließen und in den Kühlschrank stellen. Dort halten sich die Tomaten bis zu 2 Wochen. Kalt servieren.

Eingelegte Steckrüben mit Roter Bete

FÜR 6–8 PORTIONEN

Eingelegte Steckrüben sind die Gewürzgurken des Nahen Ostens. *Torshi* nennt man dort Pickles im Allgemeinen, aber die bauchige Wurzel ist das am häufigsten zum Einlegen verwendete Gemüse. Steckrüben werden wegen der Farbe und des süßlichen Geschmacks gern zusammen mit Roter Bete eingelegt. Sie sind im Nahen Osten auf jeder Mezze-Tafel einer Sabbat-Mahlzeit zu finden. Meine Variante ist einfach zuzubereiten und die knackigen, leuchtend roten Pickles schmecken direkt aus dem Glas genauso gut wie auf einem Sandwich.

60 ML APFELWEINESSIG

2 EL KOSCHERES SALZ

450 G WEISSE STECKRÜBEN, GESCHÄLT, GEVIERTELT UND IN 5 MM DICKE SCHEIBEN GESCHNITTEN

1 KLEINE ROTE BETE, GESCHÄLT, GEVIERTELT UND IN 5 MM DICKE SCHEIBEN GESCHNITTEN

4 KNOBLAUCHZEHEN, GESCHÄLT UND ZERDRÜCKT

¼ TL ROTE CHILIFLOCKEN

1 TL NATIVES OLIVENÖL EXTRA

1. 480 ml Wasser, Essig und Salz in einem kleinen Topf vermischen. Alles bei mittlerer Hitze zum Kochen bringen, dabei umrühren, bis sich das Salz aufgelöst hat. Den Sud vom Herd nehmen.

2. Steckrüben, Rote Bete, Knoblauch und Chiliflocken in ein großes sauberes Glas (1 l Fassungsvermögen) geben. Mit dem Essigsud auffüllen, sodass alles gut mit Flüssigkeit bedeckt ist. Das Glas mit einem Geschirrtuch abdecken und das Gemüse 2 Std. ziehen lassen, bis der Sud ausgekühlt ist. Das Geschirrtuch abnehmen und den Glasinhalt mit dem Olivenöl beträufeln. Das Gefäß mit einem Deckel verschließen und 3-5 Tage bei Zimmertemperatur stehen lassen, je nachdem, wie intensiv der Geschmack der Pickles sein soll. Wenn Sie die Steckrüben zwischendurch probieren, verwenden Sie dazu immer einen sauberen Löffel. Das eingelegte Gemüse hält sich mit verschlossenem Deckel bis zu 3 Wochen im Kühlschrank. Kalt servieren.

DIE JÜDISCHE KÄSEPLATTE

Eine gut zusammengestellte Käseplatte, die mit bunten Früchten, eingelegtem Gemüse oder Oliven serviert wird, darf für mich bei keinem größeren Abendessen oder anderen Event fehlen. Als ich mir Gedanken über die Auswahl der Gerichte für dieses Buch gemacht habe, war die Käseplatte daher ein absolutes Muss.

Von gegrilltem salzigem Halloumi bis hin zu würzigem Labneh kann die jüdische Käsetradition (Seite 126) mit einigen Köstlichkeiten aufwarten. Und in letzter Zeit wird das Angebot immer wieder erweitert, vor allem durch handwerklich hergestellten Käse aus kleineren Manufakturen oder Hofmolkereien.

Unter den Käsesorten, die ich Ihnen vorstellen möchte, sind einige meiner Lieblinge aus der jüdischen Küche. Wenn Sie eine jüdisch inspirierte Käseplatte für eine Party oder einen gemütlichen Abend mit Freunden zusammenstellen möchten, können Sie entweder alle Sorten aus der Liste kombinieren oder die Standardkäseplatte aus Cheddar, Weichkäse und Gouda mit ein paar der folgenden Käsesorten bereichern. Dabei sollten Sie auf eine schöne Vielfalt an Konsistenz, Geschmack und Reife achten.

Meine Liste enthält auch einige Vorschläge für passende Beilagen wie Pickles, Konfitüren, Soßen und Gebäck, die der Käseplatte noch mehr jüdisches Flair verleihen.

KÄSESORTEN

Zopfkäse

Diese nahöstliche Spezialität besteht aus mehreren Käsestreifen, die zu einem dicken Zopf geflochten werden und von ihrer Konsistenz an Mozzarella erinnern. Zopfkäse wird häufig mit Schwarzkümmel aromatisiert.

Frischkäse

In der jüdischen Küche wird milder Frischkäse oder auch Quark in der Regel zum Füllen von osteuropäischen Gerichten wie Blintzes verwendet. In einer kleinen Schale mit einem Buttermesser zum Streichen serviert, macht sich Frischkäse jedoch auch großartig auf einer Käseplatte. Peppen Sie den Geschmack mit etwas Honig und Orangenabrieb auf.

Feta

Feta schmeckt nicht nur klein gebröselt in Salaten herrlich – dick geschnittene Scheiben Schafskäse bereichern auch jede Käseplatte. Außerdem ist Feta eine der Hauptzutaten für *Sabzi Khordan,* einer persischen Vorspeise aus frischen Kräutern, Käse und gerösteten Nüssen. Verfeinern Sie den Feta, indem Sie Kreuzkümmel- und Koriandersamen in einer Pfanne rösten, mit Olivenöl mischen und über den Käse träufeln.

Ziegenfrischkäse

Dieser weiche, streichfähige Frischkäse hat einen milden und zugleich sehr intensiven Geschmack.

Veredeln Sie sein Aroma, indem Sie Zatar (Seite 128), Paprikapulver oder schwarze und weiße Sesamsamen auf einen Teller streuen und den Ziegenkäse von allen Seiten darin wälzen.

Halloumi

Halloumi hat seinen Ursprung in der griechischen und türkischen Küche und ist mittlerweile auch in Israel sehr beliebt. Der halbfeste salzige Käse wird aus einer Mischung aus Ziegen- und Schafmilch hergestellt. Er hat ein pikantes Aroma und schmeckt besonders gut, wenn er gegrillt wird: Dazu den Grill oder eine Grillpfanne bei mittlerer Temperatur vorheizen. Den Halloumi in 0,5–1 cm dicke Scheiben schneiden. Beide Seiten mit Olivenöl bestreichen und 2–4 Min. auf jeder Seite grillen, bis der Käse heiß wird und sich Grillabdrücke bilden.

Kaschkawal

Der Hartkäse, der entweder aus Kuh- oder aus Schafmilch hergestellt wird, stammt aus Bulgarien, Rumänien und dem Balkan und hat einen besonders feinen Geschmack.

Labneh

Labneh ist eine Art Rahmjoghurt, der in seiner dicken und cremigen Konsistenz griechischem Joghurt ähnelt. Er schmeckt angenehm säuerlich. Für die Käseplatte einen Klecks Labneh in eine kleine Schüssel geben, mit etwas Zatar (Seite 128) bestreuen und mit Olivenöl beträufeln.

BEILAGEN FÜR DIE KÄSEPLATTE

Sauerkirschen aus dem Glas

Pflaumen- oder Aprikosenkonfitüre

Getrocknete oder frische Feigen oder Datteln

Granatapfelkerne

Frische Apfel- oder Birnenscheiben

Halva

Honig oder Silan (Dattelhonig)

Radieschen

Frische Blätter von Basilikum,
glatter Petersilie oder Minze

Karamellisierte Zwiebeln

Cornichons oder Pickles am Spieß

Oliven

Eingelegte Cherrytomaten (Seite 52)

Eingelegte Steckrüben mit Roter Bete (Seite 55)

Würzige Roggen-Cracker (Seite 39)

Pita-Chips mit Zatar und Knoblauch (Seite 43)

Geröstetes Sauerteigbrot

Vollkornbrot

****

KAPITEL 2

****

GEKOCHT, GEBRATEN, GEBACKEN

Die auf dem Herd oder im Backofen zubereiteten kleinen jüdischen Köstlichkeiten wie sephardische Fleischbällchen, Falafel mit Shiitakepilzen und Gefillte Fisch aus der Pfanne machen Ihren Gästen ganz bestimmt Appetit auf mehr: Einige internationale Gebäckspezialitäten, darunter russische Piroggen mit Pilzfüllung oder die als Bulemas bekannten sephardischen Teigschnecken, runden die Auswahl ab.

Pilze mit Graupenfüllung

FÜR 6–8 PORTIONEN

Pilze und Graupen sind eine klassische Kombination in der jüdischen Küche Osteuropas, wo sie vor allem als Zutaten für eine nahrhafte Suppe dienen. Dieses Rezept setzt das traditionelle Duo etwas anders in Szene. Die entstielten Pilze werden mit einer Mischung aus weichen Graupen, Parmesan und frischen Kräutern gefüllt und sind das perfekte Fingerfood. Sie machen sich außerdem gut als erster Gang einer Sukkot-Tafel, denn traditionell werden zur Feier des Laubhüttenfests im Herbst gefüllte Speisen gereicht. Ich serviere die Pilze gern als Partyhäppchen zu einem Glas Weißwein.

100 G PERLGRAUPEN
KOSCHERES SALZ
2 EL BUTTER PLUS ETWAS ZUM FETTEN DES BACKBLECHS
24 PORTOBELLOPILZE ODER GROSSE CHAMPIGNONS, GEPUTZT
1 KLEINE SCHALOTTE, GESCHÄLT UND FEIN GEWÜRFELT
3 KNOBLAUCHZEHEN, GESCHÄLT UND GEHACKT ODER GEPRESST
120 ML TROCKENER WEISSWEIN
30 G PARMESAN, FEIN GERIEBEN
25 G FRISCHE GLATTE PETERSILIE, FEIN GEHACKT
1 EL FRISCHER THYMIAN, FEIN GEHACKT
FRISCH GEMAHLENER SCHWARZER PFEFFER
NATIVES OLIVENÖL EXTRA ZUM BETRÄUFELN

1. In einem mittelgroßen Topf 1,2 l Wasser zum Kochen bringen. Die Graupen mit etwas Salz in das kochende Wasser geben und bei mittlerer Hitze in 35-40 Min. weich, aber bissfest garen. Durch ein Sieb abgießen und in einer großen Schüssel abkühlen lassen.

2. Den Backofen auf 190 °C vorheizen und ein großes, tiefes Backblech mit Butter fetten. Die Stiele der Pilze abschneiden und fein hacken, die Köpfe beiseitestellen. 2 EL Butter in einem mittelgroßen Topf zerlassen. Gehackte Pilzstiele, Schalotte und Knoblauch zugeben. Alles mit Salz würzen und 6-8 Min. dünsten, bis die Pilze weich sind und die Flüssigkeit verdampft ist, dabei gelegentlich umrühren. 60 ml Wein angießen und 3 Min. reduzieren. Den Topf vom Herd nehmen und die Pilzmischung abkühlen lassen.

3. Parmesan, Petersilie, Thymian und die Pilzmischung mit den abgekühlten Graupen vermengen. Mit Salz und Pfeffer würzen. Die Masse mit einem Löffel in die Pilzköpfe füllen und gut festdrücken.

4. Die gefüllten Pilze auf das gefettete Backblech setzen. Den restlichen Wein auf das Blech geben und die Pilze mit Olivenöl beträufeln. In ca. 30 Min. im Ofen goldbraun backen. Die gefüllten Pilze warm servieren. Reste halten sich abgedeckt im Kühlschrank bis zu 3 Tage. Bei 180 °C 10–15 Min. im Backofen aufwärmen.

Zucchini-Kräuter-Frittata

FÜR 8 PORTIONEN

Frische Kräuter spielen in der persischen Küche eine große Rolle, und *Kuku Sabzi,* die persische Antwort auf Frittata, eignet sich perfekt, um sie einzusetzen. Meine Version des Kräuteromeletts enthält Zucchinistifte, Feta und eine Menge frische Petersilie, Dill und Oregano. Da *Kuku Sabzi* sowohl warm als auch kalt hervorragend schmeckt, ist es ein sehr vielseitiges Gericht: Es ist traditioneller Bestandteil einer jüdischen Mezze-Tafel oder dient als Beilage einer Sabbat-Mahlzeit. Und genauso gut passt es zu einem sonntäglichen Brunch. In kleine Rechtecke geschnitten und mit etwas Naturjoghurt oder Crème fraîche garniert, macht es sich auch wunderbar als Partyhäppchen. Für den kleinen Hunger zwischendurch schmeckt die Frittata auch direkt aus dem Kühlschrank. Verwenden Sie während des Pessachfests Matzemehl anstelle des herkömmlichen Mehls. Für eine glutenfreie Variante können Sie auch auf glutenfreies Mehl zurückgreifen.

75 ML NEUTRALES PFLANZENÖL PLUS ETWAS ZUM FETTEN

2 MITTELGROSSE ZWIEBELN, GESCHÄLT, HALBIERT UND IN DÜNNE STREIFEN GESCHNITTEN

KOSCHERES SALZ

2 KLEINE ZUCCHINI, IN 3 CM LANGE STIFTE GESCHNITTEN

7 EIER

2 EL WEIZENMEHL

1 TL BACKPULVER

25 G FRISCHE GLATTE PETERSILIE, GEHACKT

25 G FRISCHER DILL, GEHACKT

2 EL FRISCHER OREGANO, GEHACKT

2 KNOBLAUCHZEHEN, GESCHÄLT UND FEIN GEHACKT ODER GEPRESST

1 TL GEMAHLENE KURKUMA

1 TL ZWIEBELPULVER

¼ TL ROTE CHILIFLOCKEN

FRISCH GEMAHLENER SCHWARZER PFEFFER

150 G FETA, ZERBRÖSELT

1. Den Backofen auf 190 °C vorheizen und eine Springform (ø 23 cm) mit etwas Öl fetten. Die Springform am Boden und an den Seiten mit Backpapier auskleiden. Das Backpapier ebenfalls mit Öl bestreichen.

2. 75 ml Öl in einer großen Pfanne bei mittlerer Temperatur erhitzen. Die Zwiebeln mit etwas Salz zugeben und in 8-10 Min. hellbraun und weich dünsten, dabei gelegentlich umrühren. Zucchinistifte zufügen und 10-12 Min. mitdünsten. Beiseitestellen und abkühlen lassen.

3. Eier, Mehl, Backpulver, Petersilie, Dill, Oregano, Knoblauch, Kurkuma, Zwiebelpulver, Chiliflocken und 3/4 TL Salz in einer großen Schüssel mischen. Mit Pfeffer kräftig würzen. Die Zucchini-Zwiebel-Mischung und den Feta untermengen. Alles in die vorbereitete Springform füllen und in 30-40 Min. im Backofen goldbraun backen. Die Frittata 15 Min. abkühlen lassen, anschließend vorsichtig aus der Form nehmen und in Stücke schneiden. Noch warm oder kalt servieren. Sie hält sich abgedeckt 2 Tage im Kühlschrank.

Frittierte Artischockenherzen

FÜR 8 PORTIONEN

Die Anfänge der jüdischen Gemeinde in Rom reichen bis ins zweite vorchristliche Jahrhundert zurück. Ihr berühmtestes Gericht sind die sogenannten *Carciofi alla giudia,* Artischocken nach jüdischer Art, die in heißem Olivenöl frittiert werden, bis sie sich in knusprige Blütengebilde verwandelt haben. Frittierte Artischocken sind heute immer noch eine beliebte Vorspeise in Rom, vor allem in den Restaurants im ehemaligen und heute besonders angesagten jüdischen Viertel.

Carciofi alla giudia sind wirklich köstlich, aber auch aufwendig zuzubereiten. Die Artischocken müssen nämlich zunächst von den spitzen Hüllblättern und dem Heu im Inneren befreit werden, da nur der weiche Blütenboden verwendet wird. Und vor dem Frittieren werden sie häufig noch gedämpft. Ich nehme daher für dieses Rezept keine frischen, sondern eingelegte Artischockenherzen, die ich ähnlich wie beim *Fritto misto,* einem weiteren beliebten Gericht der römisch-jüdischen Küche, paniere und dann frittiere. Diese Zubereitungsart hat zwar nur entfernt mit dem Originalrezept zu tun, aber man erhält mit wenig Aufwand und Abfall eine knusprige und pikante Vorspeise.

65 G WEIZENMEHL

4 EIER, LEICHT VERQUIRLT

120 G UNGEWÜRZTES PANKO-PANIERMEHL

2 GLÄSER GEVIERTELTE ARTISCHOCKEN IN LAKE (À 400 G), ABGETROPFT UND MIT KÜCHENPAPIER GETROCKNET

NEUTRALES PFLANZENÖL ZUM FRITTIEREN

KOSCHERES SALZ

ZITRONENSCHEIBEN ZUM SERVIEREN

1. Einen großen Teller mit einigen Lagen Küchenpapier auslegen. Mehl, Eier und Paniermehl jeweils in einen tiefen Teller geben. Die Artischockenviertel im Mehl wenden, überschüssiges Mehl abschütteln. Die Artischocken anschließend im Ei und zuletzt im Paniermehl wenden. Beiseitestellen.

2. Das Öl ca. 1 cm hoch in eine große Pfanne geben und bei mittlerer Temperatur erhitzen, bis sich an der Oberfläche leichte Wellen bilden. Je 7–8 Artischockenviertel auf einmal 6–7 Min. auf beiden Seiten im heißen Fett frittieren. Mit einer Zange wenden. Die Temperatur reduzieren, wenn die Panade zu schnell braun wird, und gegebenenfalls Öl nachgießen. Die fertigen Artischocken mit der Zange herausnehmen und auf dem vorbereiteten Teller auf Küchenpapier abtropfen lassen. Sofort mit Salz würzen und mit Zitronenscheiben servieren.

Falafel mit Shiitake und Frühlingszwiebeln

FÜR 8 PORTIONEN

Falafel ist ein Snack vom Feinsten. Die veganen und glutenfreien Bällchen aus Kichererbsen oder – außerhalb Israels – manchmal auch aus Dicken Bohnen sind außen knusprig, innen weich und rundum pikant im Geschmack. Falafel ist ursprünglich ein arabisches Gericht, aber mittlerweile in ganz Israel beliebt. Zusammen mit frischem und gebratenem Gemüse, Tahini (Seite 128), Pickles und Hummus werden die kleinen Gemüsebällchen gern in aufgeschnittene Pitas gefüllt und als köstliches Streetfood angeboten.

Zu dem traditionellen Falafelteig aus Kichererbsen und Kichererbsenmehl (Seite 127) füge ich gedünstete Shiitake-Pilze und Frühlingszwiebeln hinzu. So erhalten die knusprigen Bällchen ein noch feineres Aroma. Egal ob Sie sie mit kleinen Spießen als Fingerfood servieren, mit Mayonnaise oder Hummus zum Dippen oder mit einer Kräutervinaigrette beträufelt – Falafel sind vielseitig einsetzbar und eine tolle vegetarische Alternative zu den Albóndigas (Seite 80). Um beim Frittieren das beste Ergebnis zu erzielen, ist ein Frittierthermometer hilfreich. Das Öl sollte ca. 190 °C heiß sein, wenn Sie die Bällchen hineingeben. Verwenden Sie keine Kichererbsen aus der Dose. Sie sind schon vorgekocht und werden im heißen Öl zu weich.

200 G GETROCKNETE KICHERERBSEN
2 EL NATIVES OLIVENÖL EXTRA
450 G SHIITAKE-PILZE, GEPUTZT, ENTSTIELT UND FEIN GEHACKT
KOSCHERES SALZ
2 FRÜHLINGSZWIEBELN, GEPUTZT UND FEIN GESCHNITTEN
1 EL HARISSA
½ KLEINE ZWIEBEL, GESCHÄLT UND GROB GEHACKT
4 KNOBLAUCHZEHEN, GESCHÄLT
25 G FRISCHE GLATTE PETERSILIE
3 EL KICHERERBSENMEHL ODER WEIZENMEHL
2 TL GEMAHLENER KREUZKÜMMEL
1 TL GEMAHLENER KORIANDER
NEUTRALES PFLANZENÖL ZUM FRITTIEREN

1. Die Kichererbsen in eine große Schüssel geben und mit reichlich kaltem Wasser bedecken. Mit einem Geschirrtuch abdecken und über Nacht bei Zimmertemperatur einweichen. Anschließend abgießen, mit kaltem Wasser abspülen und gut abtropfen lassen.

2. Das Olivenöl in einer großen Pfanne bei mittlerer Temperatur erhitzen. Die Pilze mit 1 Prise Salz 8–10 Min. unter Rühren dünsten, bis sie weich sind und die Flüssigkeit verdampft ist. Die Frühlingszwiebeln zugeben und in 1–2 Min. glasig dünsten. Die Pfanne vom Herd nehmen und Harissa unterrühren. Die Pilzmischung beiseitestellen und abkühlen lassen.

3. Kichererbsen, Zwiebel, Knoblauch, Petersilie, Mehl, Kreuzkümmel, Koriander und 1 1/2 TL Salz im Mixer grob pürieren, bis alle Zutaten gut vermengt sind. Die Pilzmischung unterrühren.

4. Einen großen Teller mit mehreren Lagen Küchenpapier auslegen. So viel Öl in einen tiefen Topf geben, dass der Boden ca. 4 cm hoch bedeckt ist. Das Öl auf 190 °C erhitzen. Jeweils 1 EL des Falafelteigs zwischen den Handflächen zu Bällchen mit ca. 3 cm Durchmesser formen. Die fertigen Bällchen auf ein Backblech setzen.

5. Immer 5-6 Falafel auf einmal in 4-6 Min. im heißen Öl goldbraun frittieren. Die fertigen Bällchen mit einem Schaumlöffel herausnehmen und auf dem vorbereiteten Teller auf Küchenpapier abtropfen lassen. Heiß oder warm servieren. Reste halten sich abgedeckt bis zu 5 Tage im Kühlschrank oder in Gefrierbeuteln 3 Monate im Tiefkühlfach. 10-15 Min. bei 180 °C im Backofen aufwärmen.

FERTIGE VORSPEISEN

Wenn Sie ein größeres Abendessen oder ein Partybüfett planen, möchten Sie Ihre Gäste natürlich mit allerlei Köstlichkeiten verwöhnen. Trotzdem sollte sich der Aufwand der Zubereitung in Grenzen halten, damit das Ganze nicht in Stress ausartet. Die Vorspeisen sorgen zwar für den ersten Eindruck, das bedeutet aber nicht, dass auch alle hausgemacht sein müssen. Bereiten Sie zwei oder drei Kleinigkeiten selbst zu, die Sie in der Mitte des Tischs platzieren. Rundherum ordnen Sie ein paar weitere Leckereien an, die Sie fertig kaufen und die daher nur eine minimale Vorbereitung in Anspruch nehmen. Hier sind einige meiner Favoriten.

Cracker mit Feigenkonfitüre

Cracker mit Kaviar und saurer Sahne

Oliven

Geröstete rote Paprika aus dem Glas

Artischockenherzen aus dem Glas

Börek, gefüllte Filoteigrollen, oder Spanakopita als TK-Gericht

Gefüllte Weinblätter

Geröstete Marcona-Mandeln oder Pistazienkerne

Mini-Latkes (TK) mit fertigem Apfelmus oder Chutney

Albóndigas

FÜR 8–10 PORTIONEN

In Brooklyn gibt es ein spanisches Tapas-Restaurant, das La Vara. Auf dessen Speisekarte finden sich jüdische und maurische Gerichte aus vorinquisitorischer Zeit, als Juden und Moslems in Spanien Seite an Seite gelebt und gekocht haben. Typische Zutaten wie Auberginen, Kichererbsen, Artischocken und Mandeln werden in der Küche des La Vara auf althergebrachte Weise zubereitet und sorgen so für mittelalterliches Flair. Klingt lecker? Ist es auch!

Albóndigas, Fleischbällchen mit verschiedenen Gewürzen und frischen Kräutern, sind ein gutes Beispiel dafür, wie diese traditionellen Speisen heute schmecken können. Im La Vara werden sie aus Lammfleisch zubereitet, ich verwende aber lieber Rind. Es hat einen milderen Geschmack, sodass die einzelnen Gewürze und Kräuter besser zur Geltung kommen. Fein gehackte Pinienkerne, die ich mit den Semmelbröseln untermische, machen die kleinen Fleischbällchen noch aromatischer. Albóndigas eignen sich perfekt als Fingerfood. Richten Sie sie auf einem großen Teller mit Spießen und etwas Tahini (Seite 128), vermischt mit Minze, Zitrone und Knoblauch, zum Dippen an.

900 G RINDERHACKFLEISCH

1 ¼ TL KOSCHERES SALZ

1 EL GEMAHLENER KREUZKÜMMEL

1 ½ TL GEMAHLENER KORIANDER

½ TL GEMAHLENER ZIMT

¼ TL GERÄUCHERTES PAPRIKAPULVER

¼ TL CAYENNEPFEFFER, NACH BELIEBEN MEHR

2 TL HARISSA

25 G FRISCHE GLATTE PETERSILIE, FEIN GEHACKT

25 G FRISCHE MINZE, FEIN GEHACKT

1 KLEINE ZWIEBEL, GESCHÄLT UND GERIEBEN

3 KNOBLAUCHZEHEN, GESCHÄLT UND FEIN GEHACKT ODER GEPRESST

2 EIER, LEICHT VERQUIRLT

30 G UNGEWÜRZTES PANKO-PANIERMEHL ODER MATZEMEHL

40 G PINIENKERNE, FEIN GEHACKT

2 EL NEUTRALES PFLANZENÖL PLUS GGF. ETWAS EXTRA

1. Hackfleisch, Salz, Kreuzkümmel, Koriander, Zimt Paprikapulver, Cayennepfeffer, Harissa, Petersilie, Minze, Zwiebel, Knoblauch, Eier, Panier- oder Matzemehl und Pinienkerne in einer großen Schüssel vermischen und zu einem glatten Teig verarbeiten.

2. Jeweils 1 gehäuften EL Teig zwischen den Handflächen zu einer kleinen Kugel rollen. Die Bällchen auf ein Backblech setzen.

3. Das Öl in einer großen Pfanne bei mittlerer Temperatur erhitzen. Immer 7–8 Fleischbällchen auf einmal 7–10 Min. im heißen Öl braun braten, dabei mit einer Zange wenden. Nach Bedarf mehr Öl zugeben. Die fertigen Bällchen am besten heiß servieren. Reste halten sich abgedeckt bis zu 3 Tage im Kühlschrank oder in Gefrierbeuteln 3 Monate im Tiefkühlfach. 10–15 Min. bei 180 °C im Backofen aufwärmen.

Gefillte Fisch aus der Pfanne

FÜR 8–10 PORTIONEN

Gefillte Fisch ist eine der bekanntesten aschkenasischen Vorspeisen. Man serviert ihn traditionell zu Beginn einer Mahlzeit am Pessachfest, an Rosch ha-Schana oder anderen jüdischen Feiertagen. Im Originalrezept wird ein ganzer Fisch mit einer Farce gefüllt, in Fischbrühe pochiert und kalt gegessen. Das ist nicht jedermanns Sache. Deshalb haben Juden in Großbritannien das Gericht etwas abgewandelt. Anstatt den Fisch zu pochieren, braten sie ihn. Auf ähnliche Weise ist auf den britischen Inseln das inoffizielle Nationalgericht Fish and Chips entstanden, als portugiesische Juden im 17. Jahrhundert im Londoner East End den gebratenen Fisch eingeführt haben. Gefillte Fisch aus der Pfanne ist dann nur der nächste logische Schritt.

Bei vielen Rezepten für Gefillte Fisch aus der Pfanne werden, ähnlich wie bei Latkes, aus dem gehackten Fischfleisch kleine Frikadellen geformt und herkömmliches Mehl durch Matzemehl ersetzt. Ich verfeinere den Teig gern zusätzlich mit etwas Lachsfilet und gedünsteter anstelle von frischer geriebener Zwiebel. Garnieren Sie diese knusprigen Fischkroketten nach traditioneller Art mit knallrotem Rote-Bete-Meerrettich - und Ihre Gäste werden am Pessachfest ihre Teller mit Gefillte Fisch ganz bestimmt nicht unangetastet stehen lassen.

2 EL NEUTRALES PFLANZENÖL PLUS ÖL ZUM BRATEN

1 GROSSE ZWIEBEL, GESCHÄLT UND FEIN GEWÜRFELT

KOSCHERES SALZ

225 G LACHSFILET OHNE HAUT,
IN 2,5 CM GROSSE STÜCKE GESCHNITTEN

680 G HEILBUTTFILET OHNE HAUT,
IN 2,5 CM GROSSE STÜCKE GESCHNITTEN

3 EIER, LEICHT VERQUIRLT

230 G MATZEMEHL ODER UNGEWÜRZTES PANKO-PANIERMEHL

1 TL ZWIEBELPULVER

½ TL KNOBLAUCHPULVER

1 TL GETROCKNETER THYMIAN

1 TL BIO-ZITRONENABRIEB

15 G FRISCHE GLATTE PETERSILIE, FEIN GEHACKT

FRISCH GEMAHLENER SCHWARZER PFEFFER

1. 2 EL Öl in einem mittelgroßen Topf bei mittlerer Temperatur erhitzen. Zwiebelwürfel mit 1 Prise Salz zufügen und 10 Min. unter gelegentlichem Rühren dünsten, bis sie weich und leicht gebräunt sind. Vom Herd nehmen und abkühlen lassen.

2. Lachs- und Heilbuttfilet in zwei Durchgängen im Mixer fein pürieren. Die Masse erscheint anschließend sehr breiig. Den Fisch in einer großen Schüssel mit der gedünsteten Zwiebel, Eiern, 115 g Matze- oder Paniermehl,

Zwiebel- und Knoblauchpulver, Thymian, Zitronenabrieb, Petersilie, 1 1/4 TL Salz und 1 kräftigen Prise Pfeffer mit einem Holzlöffel gut vermischen. 30 Min. oder abgedeckt über Nacht im Kühlschrank ziehen lassen, damit das Mehl weich wird.

3. Einen großen Teller mit einigen Lagen Küchenpapier auslegen. Den Boden einer großen Pfanne ca. 5 mm hoch mit Öl bedecken und dieses bei mittlerer Temperatur erhitzen, bis sich an der Oberfläche leichte Wellen bilden. Das restliche Matze- bzw. Paniermehl auf einen Teller geben und mit Salz und Pfeffer würzen. Je ca. 60 g der Fischmasse mit den Händen zu 1 cm dicken Frikadellen formen. Die Hände gegebenenfalls vorher mit etwas Wasser befeuchten, damit der Teig nicht klebt. Die Frikadellen vorsichtig im gewürzten Mehl wenden.

4. Je 4-5 Frikadellen auf einmal in ca. 3 Min. pro Seite unter einmaligem Wenden goldbraun braten. Die Hitze anpassen, wenn die Frikadellen zu schnell oder zu langsam braun werden, und bei Bedarf etwas mehr Öl zufügen.

5. Die fertigen Frikadellen auf dem vorbereiteten Teller auf Küchenpapier abtropfen lassen. Warm oder kalt servieren. Reste halten sich abgedeckt bis zu 3 Tage im Kühlschrank. 10-15 Min. bei 180 °C im Backofen aufwärmen.

Knishes mit Kartoffeln und roten Zwiebeln

FÜR 8 PORTIONEN

Vor einigen Jahren hat meine Freundin Laura Silver ein ganzes Buch über Knishes geschrieben, in dem sie die runden Teigtaschen als jüdisches Soulfood beschreibt. Zu Recht, denn Knishes, die traditionell mit Kartoffelbrei, Kascha (Buchweizengrütze), Weißkohl, Quark oder anderen herzhaften Dingen gefüllt werden, sind wahres Seelenfutter. Der kleine deftige Snack mit seinen osteuropäischen Wurzeln wurde zu Beginn des 20. Jahrhunderts zu einem regelrechten Klassiker in New York, den man überall auf der Straße, in jüdischen Bäckereien oder Delikatessenläden kaufen konnte. Wirklich gute Knishes findet man heute noch in der über 100 Jahre alten Yonah Schimmel's Knish Bakery auf der Lower East Side in Manhattan. Oder man macht sie einfach selbst.

Meine Version bleibt dem klassischen Kartoffelbrei-Knish treu, ein paar zusätzliche Zutaten sorgen allerdings für noch mehr Pep. Zum Beispiel gebe ich etwas Mohn in den Teig für mehr Farbe und Crunch. Eine gute Portion Doppelrahmfrischkäse macht den Kartoffelbrei extra cremig, und ein Spritzer Wermut (Seite 128) sorgt für eine schöne Süße und ganz besondere Note bei den karamellisierten Zwiebeln.

FÜR DEN TEIG

185 G WEIZENMEHL PLUS ETWAS FÜR DIE ARBEITSFLÄCHE

140 G BROTMEHL

½ TL BACKPULVER

½ TL KOSCHERES SALZ

1 EL MOHNSAMEN

1 EI

120 ML WARMES WASSER

120 ML NEUTRALES PFLANZENÖL

1 TL APFELWEINESSIG

FÜR DIE FÜLLUNG

680 G MEHLIGKOCHENDE KARTOFFELN, GESCHÄLT UND IN 5 CM GROSSE STÜCKE GESCHNITTEN

120 G FRISCHKÄSE (DOPPELRAHMSTUFE)

KOSCHERES SALZ

FRISCH GEMAHLENER SCHWARZER PFEFFER

2 EL BUTTER

1 MITTELGROSSE ROTE ZWIEBEL, GESCHÄLT UND FEIN GEWÜRFELT

1 TL ZUCKER

1 EL FRISCHER THYMIAN, GEHACKT

2 EL WERMUT, ALTERNATIV TROCKENER WEISSWEIN

AUSSERDEM

1 EI, MIT 1 EL WASSER VERQUIRLT

1. Für den Teig beide Mehlsorten, Backpulver, Salz und Mohn in einer großen Schüssel vermischen und in der Mitte eine Mulde formen. Ei, warmes Wasser, Öl und Essig in einer kleinen Schüssel mischen und anschließend in die Vertiefung geben. Alle Zutaten vermengen und mit den Händen zu einem glatten Teig verkneten. Den Teig zu einer Kugel formen, in die Schüssel legen und mit Frischhaltefolie abdecken. Bei Zimmertemperatur 1 Std. ruhen lassen oder 1 Tag in den Kühlschrank stellen.

2. Für die Füllung die Kartoffeln in einen großen Topf geben, mit reichlich Wasser bedecken und das Wasser zum Kochen bringen. Die Kartoffeln bei mittlerer Hitze in ca. 15 Min. weich garen. Anschließend abgießen und in eine Schüssel geben. Frischkäse zugeben und mit 1 TL Salz und 1 kräftigen Prise schwarzem Pfeffer würzen. Alles mit einem Kartoffelstampfer zu einem glatten Kartoffelbrei verarbeiten. Beiseitestellen.

3. Die Butter in einer kleinen Pfanne bei mittlerer Hitze zerlassen. Zwiebelwürfel mit Zucker und 1 großen Prise Salz zugeben und den Deckel auflegen. In ca. 10 Min. weich dünsten. Dann den Deckel abnehmen, 2 TL Wasser zugeben und die Zwiebelwürfel bei mittlerer Hitze weitere 8–10 Min. unter gelegentlichem Rühren dünsten, bis sie

goldbraun sind. Thymian zufügen, Wermut angießen und weitere 30 Sek. unter Rühren köcheln, bis die Flüssigkeit verdampft ist. Vom Herd nehmen. Die Zwiebelmischung unter den Kartoffelbrei heben und abkühlen lassen.

4. Den Backofen auf 190 °C vorheizen und ein großes Backblech mit Backpapier auslegen. Den Teig halbieren und eine Hälfte zurück in die Schüssel legen. Ein großes Geschirrtuch auf der Arbeitsfläche ausbreiten und mit Mehl bestäuben. Den Teig darauf mit dem Nudelholz zu einem 4 mm dicken Rechteck ausrollen. Die Ränder begradigen. Die Hälfte der Kartoffelmischung zu einer dicken Rolle formen. Die Kartoffelrolle auf einen langen Rand des Teigs legen. Den Teig nun wie eine Biskuitrolle aufrollen. Die jeweils andere Hälfte von Teig und Kartoffelmischung genauso verarbeiten. Die Enden der Rollen gerade abschneiden.

5. Die Teigrollen mit dem Handrücken alle 8 cm leicht eindrücken. An diesen Stellen die Teigrollen verdrehen und mit einem Messer durchschneiden. Den Teig jeweils an der Unterseite der Stücke verschließen und die Teiglinge zwischen beiden Händen leicht flach drücken. Den Teig an der Oberseite ebenfalls leicht zusammendrücken, sodass

der Teig die Füllung vollständig umhüllt. Die Knishes auf das Backblech legen und mit zwei Fingern jeweils eine kleine Vertiefung in die Oberfläche drücken, damit sie sich beim Backen nicht öffnen.

6. Die Knishes mit dem verquirlten Ei bestreichen. Das Backblech für 45 Min. in den Ofen schieben und die Knishes goldbraun backen. Aus dem Backofen nehmen und mindestens 20 Min. abkühlen lassen. Warm oder bei Zimmertemperatur servieren. Die Knishes halten sich in Frischhaltefolie gewickelt bis zu 5 Tage im Kühlschrank oder 3 Monate im Tiefkühlfach. 10-15 Min. bei 180 °C im Backofen aufwärmen.

Ricotta-Feigen-Strudel

FÜR 8–10 PORTIONEN

Das Nationalgericht der österreichisch-ungarischen Monarchie war seit jeher in allen gesellschaftlichen Schichten beliebt. Mit einer speziellen Technik wird der Teig sehr dünn mit der Hand ausgezogen und anschließend süß mit Äpfeln, Kirschen oder Mohn oder herzhaft mit Weißkohl, Pilzen oder Kartoffeln gefüllt. Die Fähigkeiten einer Hausfrau wurden früher daran gemessen, wie gut sie einen ausgezogenen Strudelteig herstellen konnte.

Mit den deutschen Juden kam der Strudel Mitte des 19. Jahrhunderts nach Amerika, wo er rasch seinen festen Platz in jüdischen Bäckereien und Restaurants einnahm. Moderne Strudelrezepte wie dieses verzichten auf den selbst ausgezogenen Teig und verwenden stattdessen ein Fertigprodukt. Wenn Sie Zeit und Muße haben, versuchen Sie, den Strudelteig selbst zu machen. Falls nicht, ist gekaufter Filoteig eine sehr gute Alternative.

Dieser Strudel ist nicht schwer zuzubereiten, braucht aber etwas Vorbereitung. Die Kombination von mit Zimt verfeinertem Ricotta, den in Wein und Honig gedünsteten Feigen und dem buttrigen Filoteig ist den Aufwand jedoch allemal wert. Servieren Sie den Strudel pur, mit einem Klecks saurer Sahne oder mit etwas flüssigem Honig beträufelt.

240 G RICOTTA

85 G FRISCHKÄSE (DOPPELRAHMSTUFE), ZIMMERWARM

1 EIGELB

2 EL ZUCKER

1 TL VANILLEEXTRAKT

1 TL GEMAHLENER ZIMT

¼ TL KOSCHERES SALZ

130 G GETROCKNETE SCHWARZE FEIGEN, ENTSTIELT UND FEIN GEWÜRFELT

35 G ROSINEN

2 EL HONIG

60 ML ORANGENSAFT

120 ML TROCKENER ROTWEIN

165 G BUTTER

16 BLÄTTER FILOTEIG

1. Den Ricotta in die Mitte eines Geschirrtuchs geben, das Tuch an den Seiten und Ecken zusammennehmen und die Flüssigkeit herauspressen. Den Ricotta in einer Schüssel mit Frischkäse, Eigelb, Zucker, Vanilleextrakt, Zimt und Salz glatt rühren. Die Mischung in den Kühlschrank stellen.

2. Feigen, Rosinen, Honig, Orangensaft und Rotwein in einem kleinen Topf bei mittlerer Hitze zum Kochen bringen. Die Temperatur reduzieren und die Früchte unter gelegentlichem Rühren in 10–15 Min. weich dünsten, bis die Flüssigkeit verdampft ist. Die weichen Früchte mit der Rückseite eines Kochlöffels leicht zerdrücken. Vom Herd nehmen und auskühlen lassen.

3. Den Backofen auf 200 °C vorheizen und ein Backblech mit Backpapier auslegen.

4. Die Butter bei niedriger Temperatur in einer kleinen Pfanne oder in der Mikrowelle schmelzen. Backpapier auf die Arbeitsfläche legen und ein Blatt Filoteig darauf ausbreiten. Die anderen Filoteigblätter in ein feuchtes Geschirrtuch wickeln, damit sie nicht austrocknen. Den Filoteig mit etwas geschmolzener Butter bepinseln. Ein weiteres Blatt Filoteig darauflegen und ebenfalls mit Butter bepinseln. Auf diese Weise weiterverfahren, bis acht Teigblätter aufeinanderliegen. Die restlichen Teigblätter beiseitestellen.

5. Die Hälfte der Ricottamischung auf einer kurzen Seite des Teigs mit ca. 1 cm Abstand zum Rand verteilen. Die Hälfte der Feigenmischung daraufgeben. Mithilfe des Backpapiers den Teig einrollen, bei der Seite mit der Füllung beginnen. Die Enden umschlagen, sodass die Füllung beim Backen nicht herausläuft. Den Strudel mit flüssiger Butter bestreichen und auf das Backblech setzen. Die restlichen acht Teigblätter mit der übrigen Ricotta- und Feigenmischung genauso verarbeiten, dazu gegebenenfalls die Butter erneut erwärmen.

6. Die Strudel in 20–30 Min. im Ofen goldbraun backen. Abkühlen lassen und mit einem Messer mit Wellenschliff in dicke Scheiben schneiden. Zimmerwarm servieren.

Pilz-Piroggen

FÜR 6–8 PORTIONEN

Das russische Wort „pir“ bedeutet Festessen, und diese Teigtaschen namens Piroggen sind in der Tat ein kleines Festessen auf die Hand. Wie die meisten Teigtaschen der russisch-jüdischen Küche können sie sowohl süß als auch herzhaft gefüllt werden. Die Pilz-Piroggen sind ein beliebter Klassiker. Ich bereite den Teig mit saurer Sahne zu und fülle ihn mit gedünsteten Champignons und Shiitake-Pilzen, die ich mit frischen Kräutern verfeinere. Die würzigen Piroggen sind eine perfekte Vorspeise, schmecken aber auch aufgewärmt als kleiner Nachmittagssnack.

FÜR DEN TEIG

380 G WEIZENMEHL

½ TL KOSCHERES SALZ

1 TL BACKPULVER

115 G KALTE BUTTER, IN STÜCKEN

2 EIER

100 G SAURE SAHNE

FÜR DIE FÜLLUNG

225 G MEHLIGKOCHENDE KARTOFFELN, GESCHÄLT UND IN 2 CM GROSSE STÜCKE GESCHNITTEN

2 EL BUTTER

1 KLEINE ZWIEBEL, GESCHÄLT UND FEIN GEWÜRFELT

KOSCHERES SALZ

225 G CHAMPIGNONS, GEPUTZT UND FEIN GEHACKT

120 G SHIITAKE-PILZE, GEPUTZT UND FEIN GEHACKT

2 KNOBLAUCHZEHEN, GESCHÄLT UND FEIN GEHACKT ODER GEPRESST

1 EL FRISCHER THYMIAN, FEIN GEHACKT
1 EL FRISCHER SALBEI, FEIN GEHACKT
FRISCH GEMAHLENER SCHWARZER PFEFFER

AUSSERDEM

BUTTER ZUM FETTEN
1 EI, MIT 1 EL WASSER VERQUIRLT

1. Für den Teig Mehl, Salz, Backpulver, Butter, Eier und saure Sahne in der Küchenmaschine zu einem glatten Teig verkneten. Den Teig zu einer Kugel formen und leicht flach drücken. In Frischhaltefolie wickeln und für mindestens 30 Min. oder über Nacht in den Kühlschrank legen.

2. Für die Füllung die Kartoffeln in einen Topf geben, mit Wasser bedecken und das Wasser bei hoher Temperatur zum Kochen bringen. Die Temperatur reduzieren und die Kartoffeln in ca. 10 Min. weich garen. Abgießen und beiseitestellen.

3. Die Butter in einer großen Pfanne bei mittlerer Hitze zerlassen. Die Zwiebelwürfel mit 1 Prise Salz zugeben und unter gelegentlichem Rühren in 7–8 Min. goldbraun dünsten. Die Pilze zufügen und 10 Min. unter Rühren mitdünsten, bis sie weich sind und die Flüssigkeit verdampft ist. Knoblauch, Thymian und Salbei zugeben, mit 1 TL Salz und Pfeffer kräftig würzen und 1–2 Min. mitbraten, bis alles aromatisch duftet. Die Pilzmischung vom Herd nehmen.

Die gekochten Kartoffeln in eine große Schüssel geben und mit dem Kartoffelstampfer zu einer glatten Masse zerdrücken. Die Pilzmischung unterrühren. Bei Bedarf kann die Füllung 1 Tag im Kühlschrank aufbewahrt werden.

4. Den Backofen auf 200 °C vorheizen und zwei Backbleche leicht mit Butter fetten. Ein Stück Backpapier auf die Arbeitsfläche legen. Darauf den Teig mit dem Nudelholz so dünn wie möglich (ca. 3 mm) ausrollen. Daraus mit einem runden Ausstecher (ø 10 cm) Teigkreise ausstechen.

5. Immer 1 EL der Füllung in die Mitte eines Teigkreises geben. Die Teigkreise zu einem Halbkreis zusammenfalten und an den Rändern vorsichtig festdrücken. Die gefüllten Teigtaschen mit ca. 1 cm Abstand auf die Bleche legen. Den restlichen Teig erneut ausrollen, weitere Teigkreise ausstechen und füllen.

6. Die Teigtaschen auf der Oberseite mit verquirltem Ei bestreichen. Die Bleche nacheinander für je 20-25 Min. in den Ofen schieben und die Piroggen goldbraun backen. Die Piroggen auf einem Kuchengitter leicht abkühlen lassen. Warm oder zimmerwarm servieren. Die Piroggen halten sich abgedeckt im Kühlschrank bis zu 3 Tage oder in Gefrierbeuteln im Tiefkühlfach bis zu 3 Monate. 5-10 Min. bei 180 °C im Backofen aufwärmen.

Kürbis-Bichak

FÜR 8–10 PORTIONEN

Bucharische Juden sind eine einzigartige Gruppe innerhalb der jüdischen Gemeinschaft. Mit Wurzeln im antiken Persien lebten sie über 2000 Jahre entlang der Seidenstraße in Zentralasien. Bedeutende bucharische Gemeinden gibt es heute vor allem in Jerusalem und New York. Die bucharische Küche vereint iranische, afghanische, chinesische, indische und russische Einflüsse. Neben Lamm-Kebab, Suppen mit handgemachten Nudeln und Pilaw mit Möhren oder Koriander gehört zu den traditionellen Gerichten auch eine Vielzahl von gefüllten Teigtaschen.

Bichak sind deftige Hefeteigtaschen, die mit Kürbis und Zwiebeln gefüllt sind. Für mein Rezept verwende ich Butternut-Kürbis und eine Mischung aus gedünsteten Schalotten, frischem Ingwer und Knoblauch. Für eine leicht süßliche Note gebe ich auch gern etwas Kokosöl hinzu. Alternativ kann man aber auch neutrales Pflanzenöl verwenden. Bichak werden meist als kleiner Snack zwischendurch oder an jüdischen Feiertagen serviert. Sie machen sich jedoch auch gut auf einer Vorspeisenplatte. Außerdem lassen sie sich hervorragend einfrieren, sodass Sie immer welche dahaben, die Sie rasch im Ofen aufwärmen können, wenn spontan Gäste kommen.

FÜR DEN TEIG

2 TL TROCKENHEFE

½ TL ZUCKER

240 ML WARMES WASSER (CA. 43 °C)

350 G BROTMEHL PLUS ETWAS ZUM VERARBEITEN

1 ½ TL KOSCHERES SALZ

1 EL NEUTRALES PFLANZENÖL PLUS 2 TL EXTRA

FÜR DIE FÜLLUNG

680 G BUTTERNUT-KÜRBIS, LÄNGS HALBIERT UND ENTKERNT

2 EL UNRAFFINIERTES KOKOSÖL ODER NEUTRALES PFLANZENÖL

2 MITTELGROSSE SCHALOTTEN, GESCHÄLT UND FEIN GEWÜRFELT

KOSCHERES SALZ

1 STÜCK INGWER (5 CM), GESCHÄLT UND GROB GERIEBEN

4 KNOBLAUCHZEHEN, GESCHÄLT UND FEIN GEHACKT ODER GEPRESST

1 TL ZUCKER

FRISCH GEMAHLENER SCHWARZER PFEFFER

AUSSERDEM

1 EI, MIT 1 EL WASSER VERQUIRLT

1. Für den Teig Hefe, Zucker und warmes Wasser in einer kleinen Schüssel vermischen. 5–10 Min. stehen lassen, bis sich Bläschen bilden.

2. Mehl und Salz in einer großen Schüssel vermengen. 1 EL Öl in die Hefemischung rühren und diese anschließend zum Mehl geben. Alles in 8–10 Min. auf der

bemehlten Arbeitsfläche (oder 5-8 Min. in der Küchenmaschine mit Knethaken) zu einem glatten Teig verkneten. Wenn der Teig zu weich ist, etwas mehr Mehl zufügen. Er sollte geschmeidig, aber nicht klebrig sein.

3. 2 TL Öl in eine große Schüssel geben und den Teig darin wenden. Die Schüssel mit Frischhaltefolie oder einem feuchten Geschirrtuch abdecken und den Hefeteig an einem warmen Ort 1-1 1/2 Std. gehen lassen, bis sich das Volumen verdoppelt hat.

4. In der Zwischenzeit die Füllung zubereiten. Den Backofen auf 200 °C vorheizen und ein Backblech mit Alufolie auslegen. Die ungeschälten Kürbishälften mit der Schnittseite nach unten auf das Blech legen und 40-50 Min. im Ofen rösten, bis das Fruchtfleisch weich ist. Aus dem Ofen nehmen, mit einer Zange wenden und abkühlen lassen. Das Fruchtfleisch mit einem Löffel aus der Schale lösen und in einer kleinen Schüssel mit einem Kartoffelstampfer zerdrücken. Die Schale entsorgen.

5. Das Kokos- oder Pflanzenöl in einer kleinen Pfanne bei mittlerer Temperatur erhitzen. Die Schalotten mit 1 Prise Salz zufügen und unter Rühren in 5-6 Min. weich dünsten. Ingwer, Knoblauch und Zucker zugeben und 1-2 Min. mitdünsten, bis die Mischung aromatisch duftet. Vom Herd nehmen und mit Salz und Pfeffer abschmecken. Die Schalottenmischung unter das Kürbispüree heben.

6. Den Backofen auf 180 °C vorheizen und zwei Backbleche mit Backpapier auslegen. Den Hefeteig abschlagen und auf der bemehlten Arbeitsfläche erneut durchkneten. In zwei Hälften teilen und die eine Hälfte zurück in die Schüssel legen. Die andere Hälfte mit dem Nudelholz so dünn wie möglich (ca. 3 mm) ausrollen. Mit einem runden Ausstecher (ø 7,5 cm) Teigkreise ausstechen.

7. Immer 1 EL der Füllung in die Mitte eines Teigkreises geben. Mit zwei Fingern vier Ecken in die Teigkreise zupfen und die vier Seiten pyramidenartig nach oben falten, sodass rechteckige Taschen entstehen. Diese an den Rändern zusammendrücken. Den restlichen Teig erneut ausrollen, weitere Teigkreise ausstechen und füllen.

8. Die gefüllten Teigtaschen auf die Backbleche setzen und auf der Oberseite mit verquirltem Ei bestreichen. Die Bleche nacheinander für je 20–25 Min. in den Ofen schieben und die Teigtaschen goldbraun backen. Auf einem Kuchengitter leicht abkühlen lassen. Warm oder zimmerwarm servieren. Die Kürbis-Bichak halten sich abgedeckt im Kühlschrank bis zu 3 Tage oder in Gefrierbeuteln im Tiefkühlfach bis zu 3 Monate. 5–10 Min. bei 180 °C im Backofen aufwärmen.

Spinat-Bulemas

FÜR 15–18 STÜCK

Die herzhaften Börek sind wohl die beliebtesten Teigtaschen der sephardischen Küche. Etwas weniger bekannt, aber genauso lecker sind Bulemas - kleine Teigschnecken mit einer Spinat- oder Auberginenfüllung mit Käse. Ich halte mich an das traditionelle Rezept mit Spinat und verfeinere die Füllung nur mit etwas Basilikum. Der Hefeteig wird beim Aufgehen in Olivenöl gelegt. Dadurch wird er schön geschmeidig und lässt sich leicht ausrollen. Außerdem werden die Teigtaschen durch das Öl beim Backen besonders knusprig. Servieren Sie Bulemas traditionell mit einem Glas Arak (Anisschnaps) oder als köstlichen Nachmittagssnack.

FÜR DEN TEIG

1 ½ TL TROCKENHEFE

1 TL ZUCKER

240 ML WARMES WASSER (CA. 43 °C)

350 G BROTMEHL PLUS ETWAS FÜR DIE ARBEITSFLÄCHE

1 ½ TL KOSCHERES SALZ

75 ML NEUTRALES PFLANZENÖL PLUS 1 EL EXTRA

FÜR DIE FÜLLUNG

2 EL NEUTRALES PFLANZENÖL

2 MITTELGROSSE SCHALOTTEN, GESCHÄLT, HALBIERT UND IN DÜNNE RINGE GESCHNITTEN

KOSCHERES SALZ

140 G BABYSPINAT, GEPUTZT UND FEIN GEHACKT

20 FRISCHE BASILIKUMBLÄTTER, GEHACKT

150 G FETA, ZERBRÖSELT

10 G PARMESAN, FEIN GERIEBEN

FRISCH GEMAHLENER SCHWARZER PFEFFER

AUSSERDEM

1 EI, MIT 1 EL WASSER VERQUIRLT

1. Für den Teig Hefe, Zucker und warmes Wasser in einer kleinen Schüssel vermischen. 5-10 Min. stehen lassen, bis sich Bläschen bilden.

2. Mehl und Salz in einer großen Schüssel vermengen. 1 EL Öl in die Hefemischung rühren und diese anschließend zum Mehl geben. Alles in 8-10 Min. auf der bemehlten Arbeitsfläche (oder 5-8 Min. in der Küchenmaschine mit Knethaken) zu einem glatten Teig verkneten. Wenn der Teig zu weich ist, etwas mehr Mehl zufügen. Er sollte geschmeidig, aber nicht klebrig sein.

3. 75 ml Öl in eine große, flache Auflaufform geben. Den Teig in 15–18 gleich große Stücke teilen und diese zu Kugeln formen. Die Teigkugeln in dem Öl wenden und in die Form legen. Die Form abdecken und die Teigkugeln an einem warmen Ort 30 Min. gehen lassen.

4. In der Zwischenzeit für die Füllung das Öl in einem Topf bei mittlerer Temperatur erhitzen. Die Schalotten mit 1 Prise Salz zufügen und unter Rühren in 5–6 Min. weich dünsten. Vom Herd nehmen und abkühlen lassen. Die Schalotten in einer großen Schüssel mit Spinat, Basilikum, Feta und Parmesan mischen und alles kräftig mit Pfeffer würzen.

5. Den Backofen auf 190 °C vorheizen und zwei Backbleche mit Backpapier auslegen. Ein weiteres Stück Backpapier auf die Arbeitsfläche legen. Darauf die Hefekugeln nacheinander mit den Händen flach drücken und mithilfe des Nudelholzes zu dünnen Teigkreisen (ø 23 cm) ausrollen. Immer 2 gehäufte EL Füllung am Rand einer Kreishälfte verteilen. Den Teig von der Füllung ausgehend eng aufrollen, dabei die Rolle mit den Fingern leicht in die Länge dehnen. Den fertig aufgerollten Teig schneckenförmig zusammenlegen und die Enden auf der Unterseite verstecken.

6. Die Teigschnecken auf die Backbleche legen und auf der Oberseite mit verquirltem Ei bestreichen. Die Bleche nacheinander für je 30-40 Min. in den Ofen schieben und die Bulemas goldbraun backen. Auf einem Kuchengitter leicht abkühlen lassen. Warm oder zimmerwarm servieren. Die Bulemas halten sich luftdicht verschlossen im Kühlschrank bis zu 1 Woche oder im Tiefkühlfach bis zu 3 Monate. 5-10 Min. bei 180 °C im Backofen aufwärmen.

Lahmacun

FÜR 4–6 PORTIONEN

Juden aus Syrien, der Türkei, dem Libanon und anderen Ländern dieser Region haben die kleinen Fladenbrote mit Lamm- oder Rinderhack von ihren arabischen Nachbarn übernommen. Der Name des Gerichts geht auf die arabische Bezeichnung *lahm bi'ajin* zurück, was „Fleisch mit Teig" bedeutet. Lahmacun bestehen aus dünn ausgerolltem Hefeteig, der beim Backen an den Rändern schön knusprig wird. Duftende Gewürze und Pinienkerne machen die Pizza besonders aromatisch. Wenn Sie dann noch Tahini (Seite 128), gehackte Petersilie und etwas Zitronensaft auf die fertigen Lahmacun geben, werden die herzhaften Teigfladen zu einer kulinarischen Offenbarung auf der nächsten Party oder bei einem Essen mit Freunden.

FÜR DEN TEIG

7 G (CA. 2 ¼ TL) TROCKENHEFE

1 TL ZUCKER

180 ML WARMES WASSER (CA. 43 °C)

250 G WEIZENMEHL PLUS ETWAS EXTRA ZUM VERARBEITEN

1 ½ TL KOSCHERES SALZ

1 EL NATIVES OLIVENÖL EXTRA PLUS 1 TL

FÜR DEN BELAG

2 EL NATIVES OLIVENÖL EXTRA

4 KNOBLAUCHZEHEN, GESCHÄLT UND GEHACKT ODER GEPRESST

1 FLASCHENTOMATE, VOM STIELANSATZ BEFREIT, ENTKERNT UND FEIN GEWÜRFELT

KOSCHERES SALZ

225 G LAMM- ODER RINDERHACKFLEISCH

½ KLEINE ZWIEBEL, GESCHÄLT UND GROB GERIEBEN

1 TL PAPRIKAPULVER (EDELSÜSS)

¼ TL ROTE CHILIFLOCKEN

¼ TL GEMAHLENER ZIMT

½ TL GEMAHLENER KREUZKÜMMEL

1 TL ZATAR

1 EL TOMATENMARK

40 G PINIENKERNE

AUSSERDEM

FRISCHE GLATTE PETERSILIE, GEHACKT

TAHINI (SESAMPASTE)

ZITRONENSCHEIBEN

1. Für den Teig Hefe, Zucker und warmes Wasser in einer kleinen Schüssel vermischen. 5–10 Min. stehen lassen, bis sich Bläschen bilden.

2. Mehl und Salz in einer großen Schüssel vermengen. 1 EL Öl in die Hefemischung rühren und diese anschließend zum Mehl geben. Alles in 7–8 Min. auf der bemehlten Arbeitsfläche (oder 5–7 Min. in der Küchenmaschine mit Knethaken) zu einem glatten Teig verkneten. Wenn der Teig zu weich ist, etwas mehr Mehl zufügen. Er sollte geschmeidig, aber nicht klebrig sein.

3. 1 TL Olivenöl in eine große Schüssel geben. Den Teig zufügen und in dem Öl wenden. Die Schüssel mit einem feuchten Geschirrtuch abdecken und den Teig an einem warmen Ort ca. 1 Std. gehen lassen, bis sich sein Volumen verdoppelt hat. Den Hefeteig anschließend abschlagen und auf der bemehlten Arbeitsfläche erneut durchkneten. In vier gleich große Stücke teilen und diese jeweils zu Kugeln formen. Die Teigkugeln auf ein bemehltes Backblech setzen, mit einem feuchten Küchentuch abdecken und erneut 30–45 Min. gehen lassen.

4. In der Zwischenzeit für den Belag das Olivenöl in einer Pfanne bei mittlerer Temperatur erhitzen. Knoblauch und Tomate mit 1 Prise Salz zugeben und in 5–7 Min. unter gelegentlichem Rühren weich dünsten. Vom Herd nehmen und abkühlen lassen. Hackfleisch, Zwiebel, Paprikapulver, Chiliflocken, Zimt, Kreuzkümmel, Zatar, 1 TL Salz, Tomatenmark, Pinienkerne und die abgekühlte Tomatenmischung in einer großen Schüssel mit den Händen vermengen.

5. Den Backofen auf 230 °C vorheizen und zwei Backbleche mit Backpapier auslegen. Ein weiteres Stück Backpapier auf die Arbeitsfläche legen. Darauf die Hefekugeln nacheinander flach drücken und mit dem Nudelholz zu dünnen Teigfladen (ø 20 cm) ausrollen. Die Fladen auf die Backbleche legen. Jeweils ein Viertel des Belags auf den Fladen verteilen und mit den Händen leicht andrücken. Mit Salz würzen.

6. Die Lahmacun in 15–18 Min. im Ofen goldbraun backen. Herausnehmen und leicht abkühlen lassen, dann in Viertel schneiden, mit Petersilie bestreuen und Tahini daraufgeben. Warm und mit den Zitronenscheiben servieren. Vor dem Verzehr mit etwas Zitronensaft beträufeln.

IDEEN FÜR KOMBINATIONEN

MODERNE VORSPEISEN-TAFEL

Die traditionelle Vorspeisen-Tafel für eine jüdische Sabbat-Mahlzeit besteht aus einer Scheibe Gefillte Fisch mit Rote-Bete-Meerrettich, etwas Gehackter Leber und manchmal noch eingelegtem Hering. Meine Vorspeisen sind davon inspiriert, wandeln die klassische Auswahl jedoch leicht ab.

Gefillte Fisch aus der Pfanne (Seite 84)

Brotaufstrich mit Ei und karamellisierten Zwiebeln (Seite 12)

Gehackte Leber vegetarisch (Seite 15)

Eingelegte Cherrytomaten (Seite 52)

Würzige Roggen-Cracker (Seite 39)

NAHÖSTLICHE MEZZE-TAFEL

Üppige Mezze-Tafeln im Nahen Osten bestehen oft aus über einem Dutzend Dips, Aufstrichen, Salaten und kleinen Häppchen – und das alles, bevor das eigentliche Essen serviert wird. Hier sind meine sieben Lieblingsvorspeisen.

Grünes Matbucha (Seite 26)

Süßkartoffel-Hummus (Seite 19)

Muhammara (Seite 29)

Pita-Chips mit Zatar und Knoblauch (Seite 43)

Eingelegte Steckrüben mit Roter Bete (Seite 55)

Marokkanischer Orangen-Oliven-Salat (Seite 36)

Lahmacun (Seite 113)

HORSD'ŒUVRES FÜR EINE DINNERPARTY

Diese eleganten Vorspeisen schmecken am besten mit etwas Prickelndem im Glas.

Kanapees mit Räucherforelle (Seite 51)

Borschtsch-Crostini (Seite 46)

Auberginen-Carpaccio (Seite 23)

Marokkanischer Orangen-Oliven-Salat (Seite 36)

Kürbis-Bichak (Seite 103)

Zucchini-Kräuter-Frittata (Seite 68)

COCKTAILPARTY

Diese Häppchen und verführerischen Dips sind perfekt als kleiner Snack im Stehen, wenn man nur eine Hand frei hat.

Albóndigas (Seite 80)

Frittierte Artischockenherzen (Seite 73)

Falafel mit Shiitake und Frühlingszwiebeln (Seite 75)

Süßkartoffel-Hummus (Seite 19)

Muhammara (Seite 29)

Pita-Chips mit Zatar und Knoblauch (Seite 43)

APPETIZER FÜR DAS CHANUKKA-FEST

Diese leckeren Snacks und Dips halten Ihre Festgäste bei Laune, während die Latkes in der Pfanne braten.

Kanapees mit Räucherforelle (Seite 51)

Pilze mit Graupenfüllung (Seite 65)

Zucchini-Kräuter-Frittata (Seite 68)

Zaziki (Seite 33)

Ricotta-Feigen-Strudel (Seite 94)

Jüdische Käseplatte (Seite 58)

Würzige Roggen-Cracker (Seite 39) oder

Pita-Chips mit Zatar und Knoblauch (Seite 43)

WENN ÜBERRASCHUNGSGÄSTE KOMMEN

Mit einem kleinen Vorrat dieser Leckerbissen im Tiefkühlfach sind Sie perfekt vorbereitet, wenn unangekündigt Gäste kommen oder wenn Sie Lust auf eine kleine Mahlzeit zwischendurch haben. Einfach auftauen und im Ofen erwärmen.

Knishes mit Kartoffeln und roten Zwiebeln (Seite 89)

Spinat-Bulemas (Seite 107)

Falafel mit Shiitake und Frühlingszwiebeln (Seite 75)

Pilz-Piroggen (Seite 99)

BESONDERE ZUTATEN

Für manche Rezepte benötigen Sie Zutaten, die es vielleicht in Ihrem Supermarkt vor Ort nicht gibt. Oft finden Sie diese Spezialitäten in gut sortierten Fachgeschäften und Bio-Märkten oder im Internet.

Geräucherte Forelle

Das lockere Fleisch der Räucherforelle mit dem milden, leicht rauchigen Geschmack entsteht dadurch, dass die Forellen zunächst gepökelt und dann über dem Holzfeuer heiß geräuchert werden. Genau wie Räucherlachs oder Hering ist sie ein perfekter Belag für Kanapees (Seite 51).

Granatapfelsirup

Diese beliebte Zutat der orientalischen Küche bringt süßsaure Aromen in Gerichte wie Muhammara (Seite 29). Der Sirup wird aus Granatapfelsaft hergestellt, der dicklich eingekocht wird. Koscheren Granatapfelsirup (Pomegranate Molasses) gibt es von Golchin. Wenn Sie ihn selbst machen möchten, erhitzen Sie 250 ml Granatapfelsaft in einem kleinen Topf bei mittlerer Temperatur und kochen die Flüssigkeit 10–15 Min. dickflüssig ein.

Harissa

Harissa ist eine scharfe Chilisoße, die ursprünglich aus Tunesien stammt. Ich verwende am liebsten die Harissa-Paste von NYShuk (www.nyshuk.com), die schöne Rauch- und Schokoladenaromen besitzt und gerade die richtige milde Schärfe hat. Harissa mit Koscher-Zertifikat gibt es von Piquant (www.sahadis.com). Sie ist die ideale Würze für die Falafel mit Shiitake und Frühlingszwiebeln (Seite 75) und die Albóndigas (Seite 80).

Käse

Wer den jüdischen Speisegesetzen folgen möchte, muss koscheren Käse verwenden. In Deutschland gibt es zahlreiche Molkereien und Käsereien mit Koscher-Zertifikat. Koscherer Käse wird aus Kuh-, Schaf- oder Ziegenmilch hergestellt. Bei Hart- oder Schnittkäse wird zur Dicklegung kein tierisches Lab, etwa aus Kälbermägen, verwendet, sondern spezielle Bakterien, die der Milch zugesetzt werden. Weichkäse wie Hüttenkäse, Quark oder Frischkäse gilt nach den jüdischen Speiseregeln nicht als Käse und ist daher koscher.

Kichererbsenmehl

Das glutenfreie und eiweißreiche Mehl wird aus frischen oder gerösteten Kichererbsen hergestellt. Für die Falafel mit Shiitake und Frühlingszwiebeln (Seite 75) verwende ich ein besonders hochwertiges Kichererbsenmehl, das unter der Bezeichnung „Garbanzo Bean Flour“ von Bob's Red Mill auf dem Markt ist (www.bobsredmill.com).

Koscheres Salz

Koscheres Salz (kosher salt) ist ein grobkörniges Natursalz, das nicht raffiniert wurde und keine Zusätze wie Jod o. Ä. enthält. Es wird zur Herstellung von koscherem Fleisch verwendet, daher stammt der Name. Statt koscherem Salz können Sie auch jedes andere grobe Meersalz oder Steinsalz ohne Zusätze verwenden. Wenn Sie herkömmliches Haushaltssalz anstelle von koscherem Salz nehmen, reduzieren Sie die angegebene Menge etwas.

Schwarze Oliven in Öl

Als Kind mochte ich die schwarzen Oliven in Salzlake überhaupt nicht. Erst später habe ich die in Öl eingelegten Oliven entdeckt, die zunächst für einige Zeit trocken in Salz gelegt und anschließend in Öl aufbewahrt werden. Die glänzend schwarzen Schönheiten verwende ich für den Marokkanischen

Orangen-Oliven-Salat (Seite 36). Von der amerikanischen Marke Pastene gibt es auch eine koschere Version (www.pastene.com).

Tahini

Die Paste aus fein gemahlenen Sesamsamen findet man in vielen Delikatessenläden oder Supermärkten. Ich verwende die Sesampaste von Soom Foods (www.soomfoods.com), die aus äthiopischem Humera-Sesam hergestellt wird. Sie hat ein sehr feines Aroma, was gut zu dem Süßkartoffel-Hummus (Seite 19) und dem Auberginen-Carpaccio (Seite 23) passt.

Wermut

Den mit Gewürzen und Kräutern versetzten Wein gibt es auch mit Koscher-Zertifikat. Ich verwende Kedem Vermouth (www.royalwine.com).

Zatar

Das aromatische Gewürz Zatar hat auch der Gewürzmischung, die außerdem Sesamsamen, gemahlenen Gewürzsumach und Salz enthält, ihren Namen gegeben. Ich verwende die Mischung der Teeny Tiny Spice Company (teenytinyspice.com).

DANK

Dieses Büchlein mag klein sein, aber mein Dank an alle, die an seiner Entstehung mitgewirkt haben, ist riesig.

Ich danke meiner Agentin Jenni Ferrari-Adler für ihre unermüdliche Unterstützung und ihre Ratschläge. Vielen Dank an meine Lektorin Sarah Billingsley, die Grafikerin Vanessa Dina und das gesamte wunderbare Team bei Chronicle Books.

Ich bin begeistert und tief beeindruckt von der Arbeit der Food-Fotografen Linda Pugliese, Carrie Purcell, Paige Hicks und Levi Miller.

Ich danke allen Freunden und Familienmitgliedern, die sich bereit erklärt haben, die Rezepte bei sich zu Hause auszuprobieren, und die mir wertvolles Feedback gegeben haben: Ahuva Hanau, Tiffany Mei, Alexandra Kuperman, Marti Reinfeld und Ilde Burgos, Magdalena Hutter und Jespa Kleinfeld, Marjorie Ingall und Jonathan Steuer, Rebecca und David Rendsburg, Shira Kohn, David Wolkin und Keeli Sorensen, Hean Zeidner Kaspi, Elisheva Margulies, Stephen Klein, Rev. Martha Koenig Stone, Miriam Bader, Rabbi Barat Ellman, Georgia und Josh Freedman-Wand, Rabbi Aaron Finkelstein und Julie Sugar, Rachel Weston, Lindsey Paige, Jenny Levison, Carol Koenig, Temim Fruchter und Oliver Bendorf, Ora Fruchter und Bradford Jordan, Dasi Fruchter, Benjy Fox-Rosen und Julie Dawson, Shayn Smulyan und Noa Heyman.

Millionenfach danken möchte ich meiner Mutter Carol, meinen Schwiegereltern Rena und Chaim und meinem ständig wachsenden Geschwisterstamm: Seth und Sara, Temim und Oliver, Ora und Bradford sowie Maharat Dasi, für ihre Liebe, Weisheit und Unterstützung.

Und schließlich gilt mein größter Dank und meine ganze Liebe meinen beiden Jungs – dem großen und dem kleinen: Yoshie, meinem Essenstester Nummer eins, für seine Unterstützung und sein immer offenes Ohr, und Max, der am liebsten Pickles mag.

REGISTER

G

H

J

K

P

R

S

ÜBER DIE AUTORIN

Zivar Amrami

Leah Koenig ist Kochbuchautorin und schreibt Artikel u. a. für die *New York Times*, das *Wall Street Journal* und *Saveur*. Auf Deutsch erschienen ist bislang ihr Buch „Die moderne jüdische Küche" (2015). Sie leitet regelmäßig Kochworkshops und lebt mit ihrem Mann und ihrem Sohn in Brooklyn.
www.leahkoenig.com